CONSCIOUS

MEN

男人来自火星 女人来自金星

—— 熟男时代 ——

[美] 约翰·格雷(John Gray) 阿尔让那·亚尔达(Arjuna Ardagh)/著

李红娥/译

江苏凤凰文艺出版社
JIANGSU PHOENIX LITERATURE AND ART PUBLISHING LTD

图书在版编目（CIP）数据

男人来自火星，女人来自金星：熟男时代 / (美) 约翰・格雷(John Gray)，(美) 阿尔让那・亚尔达(Arjuna Ardagh) 著；李红娥译. -- 南京: 江苏凤凰文艺出版社, 2018.8

书名原文: Conscious Men

ISBN 978-7-5594-2600-0

Ⅰ. ①男… Ⅱ. ①约… ②阿… ③李… Ⅲ. ①婚姻－通俗读物 ②恋爱－通俗读物 Ⅳ. ①C913.1-49

中国版本图书馆CIP数据核字（2018）第171787号

书 名	男人来自火星，女人来自金星：熟男时代
作 者	(美)约翰・格雷 (美)阿尔让那・亚尔达
译 者	李红娥
责任编辑	邹晓燕 黄孝阳
出版发行	江苏凤凰文艺出版社
出版社地址	南京市中央路165号，邮编：210009
出版社网址	http: //www.jswenyi.com
发 行	北京时代华语国际传媒股份有限公司 010-83670231
印 刷	北京富达印务有限公司
开 本	690×980毫米 1/16
印 张	17
字 数	180千字
版 次	2018年8月第1版 2018年8月第1次印刷
标准书号	ISBN 978-7-5594-2600-0
定 价	45.00元

目录

前　言
男人的成熟，决定女人的幸福

《熟男时代》一书，正是现在的男人需要的。社会得以延续到现如今，取决于让子孙察觉不到自身需求的能力，世世代代都是如此。为了生存，我们需要这样的男孩们和男人们——可以毫不迟疑地为祖国，为部落或者亲人献出生命。要他们“秉持”这一信念——奉献可以成就他们，使他们成为英雄，赋予他们光荣，使他们受到人们的爱戴和拥护（即使那意味着生命已不在）。对这一信念提出质疑会令父母失望，得不到同龄人的尊重，也没有资格获得异性的爱。

然而如今，我们正经历着“工业化的反讽”。也就是说，当社会成功地将男人训练成只是一门心思地为生存而奔波劳碌的机器时——挣钱养家，为家人遮风挡雨——他才获得变成熟的资本。讽刺的是，无意识训练创造了自由意识。

约翰·格雷和阿尔让那·亚尔达的著作——《熟男时代》填补了“工业化的反讽”的空白。揭示胜者为王的生存游戏的秘诀的书籍浩如烟海。《熟男时代》这本书的创作初衷是源于这样一个事实，即胜者生存手册与成为成熟男人的成功手册陈述的观点几乎相反。

例如，一个律师的成功意味着学会辩论，一个成熟的丈夫或者爸爸意味着“天空般的聆听”。成为一个伟大的勇士意味着培养一种“杀手思维”；成为一名成熟的领导者和爸爸同样意味着培养一种“移情思维”。

生存游戏专注于在向上爬的过程中如何做到更快更高，而不是把梯子靠在哪一堵墙上。它更加注重利润，对污染的关注度少一点，因为通常情况下，荣誉总会颁发给那些成功的CEO，而不是颁发给那些热爱环保的CEO。

一旦男人有了自己的孩子，很少有人会考虑自己是否能够承受做一名全职爸爸、艺术家、演员、作家，或者意识觉醒之路上冥想者的代价。对于一个单身的年轻人或者男同性恋者来说，做一名“对艺术如饥似渴的追求者”尚可接受，但对于一个“真正的男人”——孩子的爸爸来说，却并不现实。尽管我已创作了三本作品，我父亲仍然无法接受这个事实：我既是一个对家庭负责任的男人，还能成为一名非常成功的作家。

培养为家庭挡风遮雨意识需要具备许多品质，若要用文字对这些品质加以描述，那与《熟男时代》中使用的字眼非常相似。诸如目标、使命、忠诚、正直和荣誉。

然而，在以生存导向的意识里，目标和使命由外在定义——父母、宗教、害怕遭到排斥、丧失被爱与被尊重的资格。在《熟男时代》中，目标和使命更多的是一种自我定义。

《熟男时代》指引一个男人审视内心，发现他的目标与使命；和自己的感受在一起，跟它联结，但是不能被其所辖制；在追求自我理想的同时还能遵守自己曾经许下的诺言。

在过去的半个世纪中，妇女运动使女性的使命感得以延伸。如今妇女的选择实现了多样化：抚养孩子、挣钱养家，或者二者兼得。这促使女性更加关注自身——反观内心，发现自我，做出最好的选择，彰显自身个性。

《熟男时代》可填补男人的“目标空白”。或是父母，或是学校，或是导师指引着男人发现他们的独特欲求。

《熟男时代》还可以引导我们爱着的男孩或男人在现实世界中运用更加丰富的意识。他将不断学习，全方位地对伴侣忠诚，发现更多使命感，让自己更加幽默、更加尊重女性，不仅仅是作为一个 “做事的人”，也是一个“存在的人”去爱与被爱。

沃伦·法雷尔博士

《男权的神话》作者

加州米尔谷 2015 年 9 月 11 日

自　序
全球男性的挑战

现如今，全球男性面临着数千年以来前所未有的挑战。

我们只需往前追溯数代人，便可发现那时候男人的生活何其简单。通常，他将进入男子学校学习。不同的文明决定了他将接受何种成人礼。成人之后，一个男人将天天面临有难度，有时还很危险的各种挑战。为了能战胜挑战尝到胜利的滋味，他必须非常自信，认为这是他赢来的，他有权获得休息与恢复活力的时间。他将回到自己女人身边，女人很可能花了一整天时间照看孩子，操持家务和买菜做饭。

男人和女人都十分清楚各自扮演的角色，但最终他们觉得被角色束缚了。很难相信，你只需回溯百年便能切实理解这种束缚，因为那时候大多数人都同意这种看法——女人尚不具备政治头脑。她们被看作“赏心悦目……弱势……不应拿世界事务‘给自己的漂亮脑瓜添麻烦了’”。是埃米琳·潘克赫斯特在伦敦发起运动，为女性争取投票权，不久妇女运动在世界各地快速传播开来。到 1920 年，开始了一场锐不可当的性别革命。

1967 年，爱之夏[①]爆发，仅仅几年之后，也就是 20 世纪 70 年代，又

---

① 1967 年美国旧金山发生的社会运动，被称为“嬉皮革命”的起点。

掀起了一场妇女权能浪潮。妇女要求有权参与到各种工作中，而通常情况下，这些工作有性别要求：律师、政治家、医生、商界领袖。男人能蓄发，学习弹吉他，“随大流”或“追随天命”。而女人还在一个由男人说了算的世界中奋勇抗争。她们常常要学习如何在唯男人独尊的世界里争夺一席之地。所以，在21世纪的另一场妇女解放浪潮中，一些社会领域开始由妇女重新定义，这样一来，制定规则再也不是男人的专权。女性领导力、女性生态艺术和女性精神等课程在大学里如雨后春笋般涌现。

在过去的一百年里，由于男女角色的重新定义，运动主要是妇女发起的，所以男人对此众说纷纭，莫衷一是。无论在世界的哪个角落，当你手捧这本书时，你会发现，不管是看涨还是看跌，如今都已成为现实。

对于这些冲击，男性可能做出大致如下四种反应：

第一种反应可能是一个男人坚持己见，决不妥协，一再重申自己传统的男性身份。通常，这类男人对女性角色的变换有非常强烈的负面感受。他很重视耐久性和忍耐力，具有阳刚之气，并且对“娘娘腔”不屑一顾。

第二种可能的反应是为自己身上的阳刚之气感到愧疚或者羞耻，变得过于阴柔。这一类型的男人说得最多的就是自己的感受，追求和谐，为人温柔且彬彬有礼。他充分地参与到家庭生活中，对孩子充满爱意且细心周到。然而，这本书还会告诉我们，他或许会丧失自信心和“使命感”，而自信心和“使命感”对于一个男人获得幸福感至关重要。出乎意料的是，他的表达诉求不再如此迫切，取而代之的是融洽的室友关系。

第三种反应可能是如掩耳盗铃般，对性别差异完全视而不见。当今，许多大学开设的课程都试图让学生明白这样一件事：性别是一种社会建构，男女之间没有实质性差别。严格的性别规则和业已形成的定性思维是一种社会建构，关于这一点我们是确定无疑的。与此同时，这一立场很不明智，因为它忽略了一个事实：我们不尽相同。越来越多的研究结果表明，男女之间存在生物学差异和激素差异，造成两性在面临生活中的挑战时，产生的反应截然不同。就是这种差异让社会呈现出多元化的特点。在多元化背景下，男人和女人不再各自为政，而是携手征服世界。

第四种可能的反应就是本书阐述的观点，是一种有意识的选择实践。一个成熟的男人不是一个生物学意义上的奴隶。他心里清楚如何在阳刚之气和阴柔之美之间求取平衡，而两者的展现程度取决于他的意识，而非他对外在事物做出的习惯性反应。一个成熟的男人能预知自己将在生活中扮演多重角色。他清楚自己的过往，而且明白在过去的几年中，自己经历了重要的蜕变。他认真地对待生活，不仅仅是为了尽责，而且还把生活当作一种艺术。

男性能量与女性能量

在我们继续探讨何为艺术生活之前，在此，我们需要先定义一些术语。在本书中，我们将探讨男人和女人，但同时我们也会用到“男性”和“女性”这两个词。而且它们指的是不同的东西。

几乎地球上的每个人生下来时，其性别或者是男或者是女。2000 个新生儿中，有 1999 个的性别差异十分明确。从身体特征上来说，简明的描述就是男人（男性）身上长有阴茎、睾丸，而且胸部扁平。除此之外，他还长有前列腺，声音更加低沉有力，面部有毛发。另一方面，女人（女性）的身体特征包括：阴道、卵巢和乳房。她会经历生理周期（月经），

从女性进入青春期开始，一直到更年期结束，有分娩能力。这些是男人与女人的外表差异。

与此同时，这些外表差异导致了各自体内荷尔蒙水平的差异。这将是本书的讨论重点。主要差异也是关联度最大的一点就是男人和女人，尤其是在当今社会，他们同样感受到压力。具体地说，就是他们要应对许多严峻的挑战，经常有紧迫之感，如此一来，我们也就不太可能为所有的问题找到解决办法。男人和女人在生理上感受到的压力是一样的：压力会导致身体分泌肾上腺素和皮质醇，并且这些肾上腺素和皮质醇会以快于其被消除的速度进入血液中。然而，男人和女人在应对压力，恢复生理平衡和安康状态方面截然不同。

男人通过释放睾酮击退压力荷尔蒙。部分研究表明，成年男人血液内的睾丸素含量是成年女性的将近 30 倍。睾丸素是一种荷尔蒙，具有多重作用，如赋予你勇气和决心去面对困难和挑战，不怕艰难险阻地渡过难关，并且所用的反应时间更短。而另一方面，女人则通过分泌催产素，有时称为“感觉良好的”荷尔蒙，平衡身体压力。当女人不需要解决任何难题或讨论任何具体议程时，也有可能分泌催产素。当女人们聚在一起聊天、大笑和分享彼此的感受时，她们体内的催产素含量会激增，从而抵消压力。

尽管在过去十年中我们的社会角色发生了巨大变化，但是我们神经系统的工作模式和体内荷尔蒙的释放原理并不会在短时间内发生特别大

的变化。哪怕仅仅使基因学跟上环境变化的步伐，都需要一代又一代人的努力。

除了介绍男女身体构造的不同之外，本书还介绍了两性之间的另一差异，这一差异更多地与能量或特质有关。我们称之为“阳刚”和“阴柔”。我们与这一领域里的人士共事数十年之久，因此才得以有机会向无数人询问这一问题：他们对这些字眼作何理解？人们对此的回应并没有太多的不同。

一般而言，“阳刚”一词指一种能量气质，意识专注、目标感强、精神集中、活在当下且洞穿未来。在中国，男性能量离不开阳气。在印度，男性能量与湿婆（印度教三大神之一，毁灭之神）密切相关，瑞士心理学家荣格称之为“阿尼姆斯”。而我们对女性能量的普遍认识则是：乐于奉献、乐于接受、温柔、可养育后代、充满爱且会建立亲缘关系。在中国，女性属阴；在印度，女性被称作“沙克蒂”（性力派所崇奉的性力女神）；荣格则称之为“阿尼玛”。

虽然几乎所有人生而为男或为女，但如今来自不同学科领域的人们都承认不论男人或女人，其实都可获得男性能量和女性能量。在许多方面都发现这两种能量之间的正确平衡。作为一个独立个体，身上的能量决定了你对自身的满意程度以及你对生活的幸福感受程度。

获得男性能量与女性能量之间的平衡取决于很多因素。某种程度上说，这是遗传而来的。一些男人生来就阳刚之气十足：他们往往更加魁梧，毛发浓密，意志更加坚定，执行力更强。而其他男人，虽同样身为男人，则生来就具有稍多的女性能量：他们分外关注周遭环境的美感，无论如何他们都更加注重与他人的关系，而且也更加敏感。女人同样如此。

一些女人的女性能量与生俱来，并且一些女人很善于平衡自身的男性能量。

获得男性能量与女性能量之间的平衡并不仅仅是遗传，也受环境的影响。举个例子，如果一个小男孩成天在自己的单身妈妈与两到三个姐姐的身边围着转，那么，他的生活环境倾向于使其身上具有更多的女性气质。同样地，随着年龄的增长，他可能反抗自己的环境，变得很有男子汉气概。

第三个影响我们获得男性能量和女性能量平衡的因素是意识形态。因为这里我们谈论的所有事情都是虚无缥缈的，有关男人和女人该是什么样的理论有多达 101 万个。有的书或许告诉你应增加自己男性能量，以便与女性能量产生两极分化。而有的书又或许告诉你在内心找到男性能量与女性能量之间的平衡。

一个成熟的男人，是一个清楚自己天然本性的人，是可以认识到自己从何而来的人。他能感知自己的本质，懂得接受它。

同时，他还意识到那些曾影响过自己的各种条件，这种意识可能使他做出明智的选择。他身上的阳刚之气并不是简单的生物学的自动设定，或是各种不同声音告诉他应该怎样。他身上的阳刚之气已成为一种类似于艺术品的东西：这是他送给这个世界的成熟的礼物，使他可以真正地做自己，发展特长，毫无保留地为别人贡献自己的力量。

意识改变一切。几乎任何你能做或者说的事情都会给别人带来极其不同的感受，不论是无意识的或是有意识的行为。一个简单的例子或许就是生气。当你的理智被愤怒所取代时，事情很容易会变得丑陋和暴力。绝大多数我们后悔做过的事情或说过的话就是在我们生气时做或者说的。

在这些时候造成的伤害通常很难修复。但这并不意味着表达愤怒常常是毁灭性的。如果你面对的情况是一个成年人在伤害一个儿童，或者曾有机会插手世界上一些明显的社会不公平，有意识地表达愤怒可能是你对此所能做的最大贡献。不同之处在于它是一种成熟的给予。任何成熟的给予，而非无意识的给予，可通过那一意识得以转化。

一个成熟的男人不是一个有优越感的人。他并没有更多进化方面的优势或者更加多才多艺。当然，他不是更加富有，或更男性，或更威武。他也没有更结实的肌肉，或胸毛更密，或有一辆更快的汽车。在我们看来，简单地说，成熟的男人就是这样一个男人：他只是稍微注意并选择性地表达了自己的男性气概。他选择艺术性地而非机械性地表达自己。

如下是关于我们写作风格的快速附注。你可以将本书想象成一个二重奏，或许将这两部分协调起来。假如你听到我们其中一个人“独唱”，那个想法或许有点吓人。在某些时候，当约翰想要与你分享一个故事或趣闻时，他就会走上前，跟你面对面地交谈。你会知道那种情况何时发生，因为它通常以“约翰说”开始。同样地，当只有阿尔让那一个人在讲话时，它通常是以“阿尔让那说”开始。

想要在互联网上或今天的其他地方找到任何你可以谈论的话题恐怕真的很难，那就跟谈论性别认同一样令人闻声色变。谈论这些事情同样令我们受到指责。

约翰说：最近，我、挪威首相（女）、瑞典民主党领袖（男）一同参加电视节目。他们两人一致认为，男人和女人没有实质性的区别，凡事都是一种社会建构，制约着我们获得平等与自由。当我反驳他们的论点时，在媒体中引起一片哗然。后来，我做了一些调查并发现，一项对斯堪的纳维亚各国的重要研究显示，这些国家职场中的女人承受的压力是男性同事的两倍，而在家庭中，女人承受的压力是男人压力的四倍。这表明人们执迷不悟，无视性别差异，甚至在面对压力增大，幸福感下降的研究发现时，仍然满腔热情地为之辩护。

阿尔让那说：几年前，我与我们共同的朋友盖伊·亨德里克斯拍了一部小型影片。这部片子只揭示了男人与女人历史的一隅，并且着重探讨了自古以来为何男人一直占据着主导地位。为与我们保持联络的一小部分人建立 Facebook 群组，这似乎是个很妙的主意。然而，当那个视频短片迅速走红，点击率过万时，我们收到七次死亡威胁。视频网站 YouTube 上充斥着质量低劣的业余视频，但是它们却没收到死亡威胁，也没有百万的点击率。关于两性的谈论直击敏感神经，因为它与“我们以为我们是谁”密切相关。好像讨论任何与身份有关的事情都会让人感到生存受到威胁，毫不夸张地说，需要与之殊死搏斗。

我们创作本书的意义何在？

说了这么多，你或许会问：“为什么明明有其他许多事情可做的两个人，会甘愿再次铤而走险呢？”这本书的初衷不是关于意识形态的。我们没有关于一个男人（或一个女人）应该是什么样子的固定观念。这本书也不是仅仅为了提供纯理论知识，而是能让你运用到实际中去。我们觉得，一个男人可以在许许多多的简单事情中获得自我认知，显著提高他的幸福感，进而对他身边的人产生积极影响。我们的目的是希望通过这本书，能让你获得更大的选择自由度。

我们获得机会，得以问出这个问题："让男人获得内心舒适感的最重要的因素是什么？"但同样地，我们也向女人们提出了一个问题："女人欣赏什么样的男人？"我们重点讨论如下这十二个重要品质，我们认为这些品质对体现成熟的男子汉气概非常有代表性。所有这些品质在每一个男人身上体现得不尽相同。事实上，一个男人或许自我意识很强，然而一些男性品质在他身上也可能完全体现不出来。他可能只是选择了不去培养这些品质。

每一章都分为四个部分。首先，我们为品质下定义，进行生物学上的探索。然后，我们讨论阻碍其发展的因素。之后，我们具体说明有哪些实用的工具。最后，针对如何让男人身上的每一个男性品质体现得淋漓尽致，我们为女人们提出了一些建议。

一、品质。首先，我们绘制一个品质地图，指出其与生物学之间的关系。你可以决定这是否是那个对你来说很重要，让你变成熟的男子汉气概。如果你的这种品质已经十分完善了，那么这值得庆祝一番。如果你认为作为一种艺术形式，它还可以更加完善，那么继续往下读。

二、阻碍因素。这里，我们探索你需要踏上的一段英雄之旅，培养和发展每一种男子汉品质。通过日积月累的熏陶，我们很难将最好的东西施与别人，有时甚至是令人极其痛苦的。将这些重重阻碍想象成自己身体的一部分，如果你忽视它们，那么它们会对你构成妨害并造成严重破坏，但当你走出阴影后，这些阻碍反而成就了你，甚至能让你变得有幽默感。在阅读每一章的这一部分时，关键是保持正念。只需觉察那些潜意识的习惯，这或许要追溯你们家族的上几代人，但你要做的就是要减少他们对你的影响，而不是要挣扎着摆脱什么或者自责。

三、实践。在每一章里，我们会告诉你有哪些实用的工具，你可以做哪些事情，从今天开始，提升这种特定品质，不仅在你看来显而易见，而且其他人也能明显感觉到这种品质。

四、给成熟男性身旁的女性。最后，我们深知，成熟的男子汉气概这个主题不只对男人们有吸引力。这本书的主要内容写的是男人，但也不全是为男性读者而写。全球的女性最常问的一个问题是："哪里能找到真正的男子汉？"在每一节里，我们都会提出这样一个问题：如果你正处于一段关系中，你如何才能尽最大努力让伴侣发挥出他身上具备的特定品质呢？如果你尚且单身，那一节的讨论内容就是：一个已然体现出这种特定品质的男人，如何才能成为你的绝佳伴侣呢？

我们不敢说我们对男子汉气概最有发言权。我们只是想与你分享我们的经验和心得体会。我们对这一领域的研究已达数十载，并且我们也不忍心看到许多男男女女只因对彼此的生物学规律缺乏认识而不断受到伤害。对于男人的认识，我们可能做不到面面俱到，所以还请取其精华，去其糟粕。例如，我们都是喜欢异性的直男。因此，我们两人都没有关于同性恋的经验。如果我们不懂装懂地宣称男同性恋应如何处理关系，那简直是妄自尊大。因此，这本书是为异性恋男人而写的。如果你是一位同性恋，我们同样欢迎。来吧！请尽取所需，还有请原谅我们的内容未论及同性恋感情关系，因为这的确不是我们所擅长的。

而且，我们两个人都在一夫一妻制中生活得很幸福。约翰与邦妮的婚姻走过了三十载，而阿尔让那和查美利夫妇已经结婚十三年，我们赞美一夫一妻制。然而同样地，我们也清楚，过幸福生活的方式有千千万万种，没有对与错之分。与此同时，还有人干脆将性生活束之高阁。这本书主要关于有异性恋取向且践行一夫一妻制的男人，因为这是从亲身经历中得出的，而且我们已成功地帮助其他人更好地生活。请尽取所需，并将之为你所用。

好了，说了这么多，现在正式开始英雄之旅——要想成为一个真正的男子汉，第一个或许也是最重要的方面就是他的使命感和目标感。

Chapter 1

第 一 章

成熟，从不迷茫开始

为创作本书，我们开展了大量的研究和访谈工作。我们发现，能使一个男人找到自己的心理舒适区，获得内心强大力量的一个最重要的因素就是赋予其强烈而明确的使命感和目标感。这是男性自我意识发展的“关键”因素。

当一个男人非常清楚自己在现实世界中的定位时——为此有义务尽己所能——他会主动多花些时间陪在孩子们身边，给他们足够多的关爱。一旦寻找到自己人生的使命，他会与他人分享这种使命，然而，当他的男性意识深植于内心时，相对于使命而言，关系本身就会下降到次要地位。大多数的男人与志同道合的人有超强的默契，并且他们之间能建立起持久的友谊。

现代的男人陷入一个十分有趣而前所未有的困境中，这一困境就连我们的男性祖先都闻所未闻。假如我们往前推几代，那时候世界各地的人们究竟过着怎样的生活，会变得一目了然。子承父业这一传承模式，放之四海而皆准：父亲是木工，将来你会继承他的衣钵，成为一位木工；父亲是作家，你潜意识地就会将当作家作为自己的追求；父亲是国王，你将来很可能就会是一国之主。这都是明摆着的事情。即使不子承父业，你的出身也很大程度上决定了你的谋事基础。与以往任何时候相比，当今男人有更好的机会施展抱负，做自己想要做的事情：成为一名律师、医生、音乐家、作家或者是国家总统。

这是天大的福分，正因如此，我们才能够享受到更大的自由度，并获得更好的机会。然而，与此同时，我们也不得不面临连前辈们也从未遇到过的困境与挑战：这一问题很宏观，而且通常很复杂。我是谁？我从哪里来？要到哪里去？如今，关于帮助人们找到人生目标的讲座、研讨会和书籍不一而足。这的确是现代社会的一大弊端，但这在过去却并不多见。它能让一个男人轻易地感到一种紧迫感，使其产生不祥的预感。

印度有一个专门的词用来说明你在社会中与生俱来的位置意识，它叫作“觉法”。五千年以前，有一个名叫阿周那（印度古代史诗《摩诃婆罗多》中的英雄）的人，在俱卢之野战争中，面临着一个可怕的困境：加入战斗？加入战斗必将导致家人遇害；撤退呢？这会被人看扁，这比死亡更可怕。由于身处勇士阶级，他别无选择只得恪尽其责，因为这是他与生俱来的责任。

如今的男人在两种彼此对立的力量之间游移不定。其一是过度男性化的势头：尽责——打仗——不管你相不相信。按照别人的命令行事，不许问任何问题。备选条件似乎不落窠臼，顺势而为，不再有所期待，而是对感觉舒服的事情更加有觉察力。一个男人可以问自己这样一些问题：“什么事能让我快乐？”“我发自内心地想做哪些事？”这种敏感性更能让其展现出自己女性化的一面，这无疑会让他感到不踏实，失去主心骨，感到迷茫和困惑。

成熟的觉法

现在许多男人正在寻找一种能够超越并整合这一困境的方法：我们称之为“成熟的觉法”。它意味着不仅要子承父业或活在别人的期待里，而且不能迷失在那些稍纵即逝的感受中。

“成熟的觉法”意味着进入内心深处，在那里，你会发现事情的答案——“做正确的选择”。这意味着采取的行动和进行的部署不仅适合你，而且也适合所有相关的人员。有时发现“成熟的觉法”可能意味着你要照顾家人，注意即时环境变化，或许还要照顾为数不多的关系比较亲近的人。对于其他人来说，发现你的“成熟的觉法”或许意味着被迫陷入一种角色，它将满足数百万人的需求：如果你发现你命中注定的事就是写一本畅销书或成为一位世界顶级音乐家。你的影响力范围，或者是取得世俗意义上的成功的传统方法，都不如找准自己的定位来得有意义。

在创作本书的过程中，我们采访过的所有人都发现了“成熟的觉法”这种意识，他们对它的描述几乎千篇一律。它就像你被一种强于自我理智和情感的力量所控制。有人曾说过：“这就是‘大神’表达自我的方式，这种表达只能借助你，别人无可替代。它是一种独特的风味，是一首只有你才会唱的歌，前提是你能放松下来，彻底做自己。由于这种唯一性，事实上显示出一种责任、一种义务，假如你跑掉，那么，没人可以替你管理这一特殊天赋。”

“成熟的觉法”是男人体内男性能量与女性能量的统一。他身上的男性能量部分有宏图大略，为了更宏大和意义更重大的目标结果可以不贪图一时之乐。他身上具备的女性能量部分使他得以体验激情，追随天赐之福。他没有变得女性化，但是他变得敏感起来，以巧妙的方式轻易察觉出这两种能量之间的平衡，从而让他在整体上变得很融洽和完整。

从灵感进入成熟

进入“成熟的觉法”最快捷的方式就是通过灵感。当你对从别人那里深受启发表示认可时，你会获得灵感；当你在现实生活中深受鼓舞，思维活跃时，你会获得灵感。这时你就变成了“情绪亢奋的男人”。当发生这些事情时，你的愿景会告诉你生活的正确打开方式，一切都将各就各位，井然有序。

我们携手创作这本书就是对这一生活方式很好的诠释。在位于米尔谷的约翰家，在创作本书过程中，我们常常要进行长达数小时的对话。我（阿尔让那）有时会过来小住几天，然后一起去约翰的办公室（有点像山腰上的小山洞）逛逛，或者带上约翰的狗，在加州的阳光中散步。许多时候，我们会在日出时起床，早餐简单地喝杯果汁，7点就开始工作，讨论创作。一整天下来，我们都能做到聚精会神，全身心投入，直到晚上十一二点仍然精神饱满，内心备受鼓舞。这个过程对于我们来说似乎毫不费力。主观地说，感觉就像是与一位亲密的朋友做一件我们最爱做的事情，因此我们很享受这段美好的时光。同时，我们正在写的书有望帮到许多人。

这不仅对你与其他男人建立美妙的友谊至关重要，而且还是过有盼头生活的关键。激励自己为一个长期愿景而奋斗，使结果能惠及足够多的人。然后制订每天的实施计划。

当你发现自身的“成熟的觉法”意识时，就好似圣诞树上的所有挂灯被同时被点亮：一切都刚刚好。这本书的所有受访者们都曾一度感觉身体充满了用不尽的能量。他们常常可以一连很多天，每天工作十四或者十六个小时，但感觉到的不是工作之苦累，而是娱乐之轻松。相对而言，他们感到的压力非常少。事实上，一旦你开始了这种生活方式，你就会明白，压力不过是你在做不适合自己的事情时所产生的副作用。对我们两个人来说（我们要在世界各地巡回演讲），当我们充分践行我们的目标时，一种有别于任何东西的幸福感便油然而生。一旦你找到自己的“成熟的觉法”，退休这个想法将变得毫无意义。你大可以随时从工作岗位上退休。然而，如果你足够幸运，能够发现所做的事是对自身所具备的天赋异禀的完美表达，你会一直坚持做自己热爱的事情，直到生命的尽头。

成熟，从来与金钱无关

一个“觉醒的男人”在做重大的生活决定时，不会从金钱出发，尽管他明白只有处理好金钱事务，才能毫无顾虑地投入“正确的事情”。我们收到约翰·麦基（美国最大天然食品零售商 Whole Foods 公司 CEO）的来信，八年中他不曾从公司中拿过一分钱的工资、股票期权或者分红。他纯粹是为自身的使命感而工作。但是他只有在财务无忧的前提下，才能做到如此。已找到生命的意义的人们都说，那是一种全然无我的状态，这么做的原因不是为了得到金钱报酬，金钱只是其副产品。

约翰·格雷说："最近，我常常去中国，为那里的许多人举办讲座。要坐十六个小时的飞机，尽管我非常希望可以免受这些劳顿之苦。我不是很喜欢坐在空间狭小的机舱里，里面的气味很难闻，食物很难吃，让我觉得很压抑。我去中国不是因为我喜欢旅行，而是因为这是一次践行我自身使命的不错的机会。毫无疑问地，我得到的报酬确实很丰厚，这也让我觉得我受到了重视。但是如果我此行的目的只是为了与某个人见面，那我压根儿不会开启中国之行。原因就是，我正在影响着许多人，世界因我而不同，这让我觉得很有成就感。对于我来说，最难熬的时候其实就是无事可做的时候。当我拿出数周时间休假放松时，我反而会每天都无精打采，甚至还有点沮丧。我需要有一些让我从床上爬起来去做的事情。当我太太叫我过去帮忙时，嗒嗒！我立马就出现了。作为一个男人，我需要那种使命感。"

起初，重新发现"成熟的觉法"意识的过程可能会充满挑战。如我们所说，许多男人都会感受到的那种恐慌感，可以让人不知所措，无计可施。我们需要从小处做起，也需要保持头脑清醒，随时准备迎接困难。开始可能是一个心理层面上的、从容的过程，反复摸索具体的做法，直到与自己的目标感重新建立联系。这种关系一旦联通，你会知道，并且你的整个身体都会感觉到它的存在。它可以变成一种有正向意义的沉溺！等到你找到了存在的意义，感觉就像是你把一只手伸入一只大小刚好合适的手套里一样。在那些时刻，压力逐渐消失，你觉得身心被这一赋予我们生命力的力量所驱使。

我们将引导你逐步完成大量具体的实践活动，帮助你与自己的内在连接，以这种方式生活。然而首先，重要的是，作为男人本身，我们要面临那些尚能对我们造成影响的那些力量，它们是我们寻找“成熟的觉法”途中的拦路虎。

哪些因素阻碍着我们

很多时候，对于无意识行为的旧习惯，你无须改变什么。只消全神贯注地感知这些习惯，你会不可思议地发现可怕的顽疾就这么被化解了。与障碍对抗常常会助长其气焰。所以本书的重点是“成熟的男人”，而不是“被完善的男人”或“成功的男人”。正念是一切事物的关键所在。它能让干扰自行消散，让你初绽熠熠光芒。这些习惯就像是“你身体的一部分”脱离你的身体，与你不再有任何关系。因此，你可以将每一个习惯取一个名字。

古板的科林

为了发现你自身的“成熟的觉法”，你首先需要感知所有那些影响着你的潜意识的力量。你父亲对你有何期许？你母亲对你又有怎样的期许？根据你所受的教育，你认为自己对哪些事情负有责任？在你的朋友们看来，做什么事情可以很酷？

阿尔让那说：我还记得我大儿子阿比去上大学时的情景。他要当一名电影导演，并且已做好充分准备。我为此感到激动。这也是我自己一直以来的愿望，然而事情却朝着另一个方向发展。结果，他发现自己真正的兴趣其实是探索人类身心健康，而不是拍电影，所以他转到了整体健康学位。他之所以在学位选择上犹豫不定，是受了我的影响，这对于他或者我来说，都未曾发觉过。阿比必须要经受自我挣扎，才能察觉到正是来自爸爸的潜意识的力量和各种假设影响着他的决断。

贪得无厌的乔治

我们不停地被灌输金钱万能、出名事大这种思想，美国尤甚。我们都是看着这些电视节目长大的，如《富人和名人生活面面观》。每次在超市选完要买的生活杂货，到收银台结账时，不出所料地，你会看到一大堆杂志，刊登着坐拥豪宅的明星们拍摄的吸睛图片。最近，一众事业有成、身价不菲的男演员，如西恩·潘、拉塞尔·布兰德和布拉德·皮特，在访谈中谈到，他们自始至终所追求的不过是一个无意义的目标。有趣的是，这些演员们仍然将大把精力耗费在社交和政治行动上。我们都必须面对这种强烈的诱惑，要深入内心，发现灵魂深处真正的渴求。

当耶稣在荒原中徘徊四十个日夜的时候，撒旦（或许象征的是我们潜意识的条件反射）不断拿名利和权力的图像诱惑他。但耶稣明确地告诉撒旦："不，谢谢。我宁愿受同我父亲一样的苦难。"

想要让生活不再为金钱所驱使，关键在于"足够"。在一项研究中，研究人员们发现，幸福与金钱两者之间的关系呈现出一条钟形曲线的趋势。假如你的年薪只有 2.5 万美元，当年薪涨至 3 万美元时，可能幸福感将随之提升。当年薪约为 10 万美元时，这种情况维持不变，之后，一直呈平稳状态。过了这个拐点，额外的金钱对生活的幸福与否影响不大。他们还发现了一些有意思的事：钟形曲线的另一端开始逐渐下降。当年收入由 20 万美元增加至 30 万美元时，平均幸福感开始下降。

或许你听说过保罗·盖蒂的故事，他曾一度当上了世界首富。他去伦敦玩，并花大手笔租下了海德公园希尔顿酒店的整个顶层。《伦敦时报》的一位记者前去采访盖蒂："盖蒂先生，"他问道，"您是世界上最富有的男人。钱挣多少才算够呢？"

盖蒂思考了几分钟，但最终，他回答道："差得远着呢。"

名利向来如此。没有一个能真正让你感到满足，所以总是幻想着再多一点就可以了。打破这种恍惚的关键是达到一种"足够"的状态，然后去享受这种状态并且想想你能给予这个世界什么。

即刻满足的伊恩

在回归真实使命感和目标感时，我们还需面临的另一个习惯是过分看重昙花一现式的感觉良好。"追随天赐之福"和试着找到让你最快乐的事情这一整体概念，即时即地，对较深层次地感知你存在的原因造成的干扰要远大于对如何获得较深层次的感知造成的干扰。有时为获得较深层次的使命感，比如约翰从美国到中国的漫长飞行，不贪图一时痛快，能让我们能享受更高的回报。

心烦意乱的多米尼克

我们目前生活的时代，其文化氛围注定让人没完没了地分心。为吸引我们大众的注意力，广告商们不断地你争我夺。在看电视或上网时，你会轻易地走神，注意力不再集中，失去对生命意义的较深层次的感知。将自己从使命和目标中抽离，并不会让你觉得舒服，所以，想要麻痹那种"受难"情节的心理是再自然不过的事情了。这会导致你分心成瘾，常常得不到满足。排除干扰最简单的方法便是一定让生活慢下来，让心灵静下来，仔细观察内心的状态。

害怕的弗兰克

你需要满足自己基本的生存需求，为发现自身“成熟的觉法”创造足够空间。如果你饿了，但是下一餐还没有着落，或者是没有钱交房租，那么这种缠绕于心头的事务势必会凌驾于更广泛的服务意识。

我（约翰·格雷）记得我是怎么开始做这件事情的。我二十几岁的大部分时间都在瑞士的禅修中心过僧侣般的生活。之后我得知我弟弟吉米过得很不好，他不幸患上抑郁症。我从瑞士回到得克萨斯州看望他。教他冥想还远远不够，他的病情并没有缓解。所以我又前往加州寻找其他治疗方法。我参加了几次周末研讨会，然后我突然有个想法：“我能为他治疗，怎么开始？”但是我还得养活自己。彼时我还没有一个栖身之所，只得在海滩上席地而睡。出于无奈，我向妈妈求助。她为我报了一个计算机编程培训班。半年之后我拿到了计算机证书，我另外的一个兄弟给了我一份在斯坦福研究所的工作。冥冥之中，在内心深处我知道我不想做一辈子的计算机程序员。之前曾参加过的研讨会和想要帮助弟弟的想法令我很受启发。我把挣得的每一分钱都存起来，并利用空闲时间写了有生以来的第一本书。之后又写了《男人来自火星，女人来自金星》，我得以将全部时间用来践行我的“成熟的觉法”。

我弟弟吉米最终开枪自杀了，这是我这辈子最大的悲剧，因为我没能及时地帮助他走出来。但与此同时，这也让我如梦初醒。吉米帮了我最大的忙。他把我从冥想和关注内在自我的生活中抽离出来，并启发我应帮助他人。一旦我受到启发，我就需要首先处理好钱的问题，从而为我最终投身于终极归宿时，免去后顾之忧。是我弟弟吉米启发和激励我数十载以来不断帮助人们免受不必要的痛苦。他是我献身这一事业的初衷。

监督奥利弗

一旦你体会到“正确的事情”意识，你会发现命运的眼睛一直在紧盯着你的脸。婴儿露出微笑时，猫咪伸展肢体时，小鸟拍打翅膀时——它们都在力行自己的觉法。这都轻而易举，自然而然。想要重获目标感，获得能量和喜乐，化解压力，唯一需要做的就是意识到干扰事务和障碍的存在。你并不总是需要知道使命所在。只需清楚哪些不是使命，将非使命一一排除，真正的使命将顺势而行。

如何实践“成熟的觉法”

有的研究员像伊丽莎白·库伯勒·罗斯告诉我们说，有过“濒死体验”的人都说自己在濒死的时候见到了种种景象。他们意识到自己其实一直在追逐不切实际的梦想。后来，他们不再追逐名利，发现他们苦苦寻觅的回报原来是做出自己最大的贡献，而无关乎金钱。你也可以获得这种深刻的感悟，而不需要拿生命去冒险或者经历一次“濒死体验”。这意味着你需要对古今文化、家庭和哲学烙印在你身上的虚假身份提出疑问。意味着要觉察它们并放下。你死后的样子就是你眼中的自己的映象。然后，你那天真烂漫的面容、自然的嗓音慢慢浮现，你会明白自己下一步该怎么走。

记日志

记录自己每日的活动是开始这件事情的一个不错的方式。例如，你可以将所有那些能给你以最大启发的人列一个表。要做到这一点非常耗费时间。谁的故事能让你觉得充满能量和激情？谁的故事会让你热泪盈眶？等你像这样列出了一些人的名字之后，再仔细看看这个名单，想想每个人所散发的人格光芒，而不是他们做过哪些事。例如：

莱昂纳德·科恩——诗意的空想家；保罗·麦卡特尼——走心的创作天才；埃克哈特·托利——天生的原创神秘主义者；约翰·麦基——良有觉悟的企业家；芭芭拉·马克思·哈伯德——虽老不衰；奥普拉·温弗莉——慷慨的促变者；史蒂夫·乔布斯——执着的创新者；马拉拉·优素福·扎伊——勇敢的反抗者；穆罕默德·尤努斯—给人力量的领袖。

下一步就是为自己想象一种生活，以便能够让你身体力行这些品格。或许你可以想一些现在立刻就能做的事情，让你能够全面探究这些品格。

你也可以让十二个人对你进行评价，他们最欣赏你身上的哪些品格。问问认识你很久的人，如你的兄弟姐妹或者儿时的伙伴。如果那十二个人每人能说出你所具备的且被其欣赏和推崇的十二个品格，那么你总共会得到 144 个品格。你会发现，许多人列出的品格常常大同小异，因此你可以将其归到一起。这或许是了解你的“独一无二的能量蓝图”最稳定、最可靠的方式。举个例子，等你做完这个实践，你或许会总结出一个清单，这个清单上会包括你很有洞察力、人很幽默、善于表达、专注、能给人以启迪等，还有领导者的圆滑。现在，按照与以上相同的方式，你可以仔细地记下当前能做到的力所能及的事，进而深入探索这些品格。自然而然地，该步骤完成后将进入下一步骤：基于这些品质，给你的生活方式制定一个愿景。阿尔让那说：你可以反复阅读这一过程，在我的另一本书《男人进卧室向左，女人进卧室向右》中，我们将其称作“加快特殊礼物的到来”。

同辈人的支持和辅导

无意识的男子汉气概（尽管它随之不断变化）呈现出一种超然趋势，有一种 “我必须亲力而为”。另一个男人，无论他是一位专业教练或者只是与你关系亲密的好友，都可以帮助你做一个敢于担当的男人。

以下是其原理。一旦你意识到那些会让你热血沸腾、跃跃欲试的品质，或者是最为令人欣赏的品质，每天特意留出几段时间，用来培养这些品质。只有自律的人才能将“每天留出一点时间给自己”的这个过程延续下去，而且要想做到自律，多人协作比单枪匹马容易得多。有了一个帮助你构建担当意识的伙伴，你每天都要向他汇报，告诉他你是否言出必行，说到做到。每天发一封电子邮件就已足够。

把它们分解成简单的小步骤。例如，每天抽出十分钟去忙写书（或者随便什么事情）事宜。十分钟很容易。十分钟之后，如果你仍然乐此不疲：太棒啦！但是事实上，你承诺的是只做十分钟。然后，有了一个愿意帮助你构建担当意识的伙伴，你可以在两件事情中任选其一。第一个选择是，在邮件中写上：“是的，我做到了。”如果在这一点上，你认为自己不足信，其他人恰恰相反，作为证据，你可以将一天的收获一一列在邮件中。第二个选择是，捐赠几美元给慈善机构。如果你有一个不错的哥们，他在乎你，想要做你的使命见证者，你会在你们两人之间找到实现这一目标的最好方式。

探索愿景

这是一个强有力的方式（你也可以说是一个简单有效的方式），激起你的使命感。

阿尔让那说：作为一名唤醒教练，当被唤醒者感觉捕捉不到他的使命感和目标感，我会尽我所能地支持他独自退避。五天时间最佳，但是也要视情况而定。你需要将干扰降到最低程度，因此有必要将手机关机，把电脑留在家里，远离读写活动。能做到这样的退避贵在等待。在过去25年的教练生涯中，我向许多被唤醒者推荐过这种退避方式。有些人说这种退避方式感觉要把人逼疯：每一种怪异、言过其实的幻觉在你的眼前飘来荡去。但是当每一种幻象浮现时，你的理智告诉你随它去吧，承认它只是一种心智的条件反射。几乎无一例外地，你最终会发现你的头脑清醒下来了。所有的恐惧和欲望已消散，而只是产生过的想法，然后你知道你需要做什么。你绝对知道生活中的哪些事情干扰着你，也绝对知道真正的内在需求。

有一个男人曾来咨询我，我建议他采取这种退避。他住在纽约，是一名对冲基金经理。他的收入高达数十万美元，并且已经订婚。但是退避结束时，他的心中已然有了答案。他开车回到纽约，几乎直奔未婚妻家。他说：“对不起！我知道这对于你我来说都很难、很痛苦，但是我发现我并不是能给你幸福的那个人。我们之间真的不合适。而且我还意识到，我之所以还在做现在的工作，不是出于热爱，而是因为钱。”

当然，他们有必要把话都讲清楚，但是最终，他离开纽约，回到了自己的祖国澳大利亚，去做能给他以最大鼓舞的事情：冲浪。他在海边开了自己的商店专门卖冲浪板，后来开始生产冲浪板，生意越做越大，非常成功。如果他没有进行那为期五天的退避，他的生活或许就是另一番模样。

庆祝胜利

激发内在真正目标感的另一个重要实践是庆祝胜利。当你在一些工作上完成得非常出色，接下来找时间陪伴在孩子们或伴侣身边，真正地享受除了工作以外的生活，家庭也是你所肩负的使命的一部分。一个自觉的男人既需要工作时间，也需要娱乐时间、使命时间和完成使命时间。

约翰说：在一天结束的时候，我喜欢与妻子邦妮共进晚餐，然后我们会坐在沙发上看电视。白天我倾尽所有，我心安理得地坐在这儿。我已经尽到我的责任了。假如白天我没有竭尽所能地帮助别人，我就不能做到这般享受空闲时间。

给成熟男人身旁的女性

在一对一治疗或讲座中，偶尔女人们会问：“如何最大程度上地让男人与目标感建立更紧密的联系？”从以往女人们和其深爱的男人们的经验来看，以下一些技巧十分有用。

了解使命感和目标感对于男人获得幸福感和身份认同感方面的重要性，会让你对男人产生全新的认识。当然，作为女人，你也有使命感和目标感，但这对于男人却不尽然。他们在这个问题上个性色彩很浓。

如果男人对女人说：“你今天真美！”或者如果他夸奖她今天的穿着、发型或者她身上其他动人之处，她一般会不自觉地脸红、微笑，然后感觉得到了滋养。我们（无论是何性别）身上的女性气质给人的感觉就是容光焕发、光彩照人。一方面，如果你对一个男人说：“哇，这件T恤真漂亮！”听完，他的反应只是耸耸肩，并咕哝一句：“嗯啊，谢谢。可能是吧。”事实上，他有些想脱下那件T恤送给你，因为男性能量的显著特质就是要在行动上做到与众不同。

而另一方面，如果你对一个男人说，他已取得的成绩毫无意义，纯属浪费时间，一般情况下，他觉得你是在针对他，是在对他进行人身攻击。

告诉他他所做的事，不管是他重新组装起计算机，还是重建自己的棚屋，特别了不起，他会觉得你的确“懂”他。男人和女人都背负着各自的使命，也都可以展示出外在美，但是对于男人来说，他的使命与他的身份密切相关：他很放在心上。

让男人成长的最好方式就是鼓励他

鼓励和欣赏男人的使命感和他取得的成绩是你可以送给他的最好的礼物。让男人暗自神伤的事是，自己年轻的时候也曾有过梦想。“我长大了想当医生。”“我长大了想当律师。”如果妈妈取笑他的梦想，这会给他留下难以抚平的伤口。如果妈妈的回答是“宝贝，你的想法相当不错”，更能鼓舞孩子萌发“我可以做到”的想法。可能原生家庭给你的伴侣带来的创伤尚未愈合。倾听他的梦想，相信这些梦想，这将轻松地把男人最好的一面给激发并展现出来。

约翰说：有时候我会同时赚取好几大笔钱。我记得有一次，我收到一个 115000 美元的款项，我对数目进行核实，当邦妮说：“哎呀，这真是太棒了！这都是你赚得的钱！”这让我得到了片刻的快乐。几分钟以后，早餐我准备做煎蛋吃。这一次，我做的煎蛋好吃到爆：我往平底锅里加入很少的水，然后把鸡蛋放进去煮。当邦妮不停地夸奖我做的煎蛋多好吃时，我感到更大的快乐。她向我们家的客人夸耀我做的煎蛋。其实，我做的煎蛋好吃与否对她来说并没有多大区别，金钱更是如此。但是，当她称赞我做的煎蛋好吃时，我在情感上得到极大的满足。她在一些微不足道的小事上给予鼓励，令我斗志昂扬。

给男人鼓励并不意味着给他建议，告诉他可以做哪些事，或者点明他在哪些方面做得特别不好。你需要做的是等待，直到他想清楚自己的梦想和志向是什么，千万不要粗暴地对待他的梦想或志向！一般而言，在男人的世界里，任何形式的建议无异于唠叨或是在对他施加压力，这都会扼杀他的创造力。

你或许在电影里看到过这样的情节：女人们凑在一起闲聊，打趣各家的男人。这是因为，有些女人认为男人们过分痴迷于成就及其为此而采取的行动，而这些对于女人们来说可能就是无所谓。她们会在男人们背后议论，嘲笑他们太拿使命感当回事儿，甚至小看他们，这是很自然的。如果你的确与其他女人做过这样的事，当你回到家里时，丈夫一直以来取得的成绩，在你眼里将变得微不足道。

阿尔让那说：当我忙着写书和辅导时，这时的自己由于正在致力于自己的使命，通常会有些“不可一世”，我会懒得打理厨房。我走进厨房，随便找些东西吃，心想一会儿再收拾也不晚。查美利不喜欢我这样。我走出厨房之后，她往往会走进去，开始收拾我留下的残局，但是她会觉得憋气。这对于我们两个来说都不太行得通。共同生活了这么多年，她学会了变通。她只是问我：“你介不介意收拾下厨房呢？”

或者是，“如果你能把垃圾扔到外面去，我会非常感激！”直截了当地告诉我要我做什么事，这让她十分开心，点醒我应当做的事，让我觉得又与自己的觉法重新联系起来。她让厨房变得整洁，我则因为有目标感而获得难以言喻的满足。

寻找如意郎君

如果你未婚，想要让条件理想的那位走进你的生活，给你两个候选人士：一个是犹如挣钱机器的男人，一个是带着强烈的使命感和目标感去工作，认为金钱只是工作的一种副产品的男人。对这两类男人加以区分，是一个非常不错的想法。长远来看，经济上有保障的男人可以使你的生活更加可敬与平衡。一个男人拥有强烈的使命感和目标感，并且认为钱都是次要的，这对建立一种持久、稳定、幸福的关系十分重要。一个知道自己很优秀的男人多半也是一个深情款款、充满爱心、体贴的伴侣，一个称职的父亲，一个更有魅力的爱人，性格更加幽默，而且感到更少压力。

在给夫妻辅导的过程中，我们都发现，对于许多女人来说，她常常将一个成熟的男人与旧时过度推崇的那种极度男性化相混淆。你可能会将一个成熟的男人误解为思想不跟形势，为人自私自利，傲慢或者冷酷无情，因为他的生活无非是围着使命、埋头工作和解决问题转。但是，在本书的余下章节中，我们会看到它们之间其实有很大不同。一个成熟的男人不会依赖于“做”。同时，当他需要时，他懂得创造自我空间，结束一切。学着深爱时，他的心扉每天逐渐敞开。在本书的余下章节中，我们会进一步印证这些问题的答案。

熟男手记

约翰·麦基，全食超市[1]创始人

每个男人都要去发现自己的使命——也就是他更高的目标。这并不意味着他们一定要回应召唤、改变世界，而是去做能与自己内心产生共鸣的事情。最初我以为我的使命只是向人们出售健康食物，维持生计并享受其中。随着时间的推移，我的这一使命正在逐渐发生改变并不断发展。

当人们创造性地投入到一件事中，并且关心这件事，充满激情时，生活就会变得有趣很多，让人兴奋不已。我们充满活力，全身心地投入其中。我曾在休假时去过很多地方，环游过世界，但是对我而言这些闲暇时间主要是为了再创造，好让我重新振作，继续去实现我生命的更高

① 全食超市是美国一家食品超级市场连锁店，专门销售有机食品，第一家店在1980年9月20日开业。总部位于得克萨斯州奥斯汀，在美国、加拿大和英国皆设有分店。创始人约翰·麦基目前担任这家股票上市公司的执行长一职。

目标。如果要重新来过，我还是会做出同样的选择。

记得上大学时我并没有特别喜欢读过某本书，读书只是因为要完成课程。有一天我突然站了起来，把书丢在地上说“我不会再读这些书了”。然后我不再去上那些我根本不喜欢的课程。这一行为决定了我的余生。人生苦短，我才不要浪费时间在不能展现真我的事情上。

如果你真的想找寻生命的目标，那从展现真我开始。目标就在自己的身体里，刻在内心深处。我们可以利用目标，但是大部分时候并不是只听从目标的指引。我们害怕被拒绝、害怕失败、害怕没有人爱我们，还害怕被人嘲笑，有时甚至害怕自己可能会变得很伟大，觉得我们不可能这样。

开全食超市就始于遵从内心，顺从我的好奇心。我们在做决定，采取行动或做出选择时事情总会改变：遇到对的人，发生一些事，也产生了巧合。当我们投入其中时，上天会从新安排，帮助我们实现这些目标。

在走上属于你的人生道路时，它会带你走向益处。我们逐渐长成有灵魂的人，自我的部分会弱化，服务意识增强。八年来，我没有从全食超市中获得任何报酬。为了成为我想成为的那种领导，我不再从中拿钱，把股票期权捐给了基金会。我现在就像是“全食超市之父”，如父母般不图报酬地为自己的孩子提供服务，他们因为爱而做出牺牲，只希望自己的孩子茁壮成长。我希望全食超市欣欣向荣，超市和超市的工作人员都向上发展让我很开心。

做生意必须要实现双赢。每个与企业进行商务往来的人都是为了双赢。我们确定了六大利益相关者，下意识地想让这六者开心：客户、雇员、供应商、投资者、社区和地球。我们有意识地为这六者创造价值，这六个利益相关者之间是相互依存的，因此人们倾向于权衡利弊：如果这么做是为了你的股东，那么肯定要以牺牲雇员利益为代价。如果你想权衡利弊，那么你一定能找到取舍方法；而如果你想实现共赢与增效，你一定也能找到方法。我在做重大决定时都会问自己：是否有任何一方利益相关者有损失呢？如果真的有，那么这个决定可能不正确。

Chapter 2
第 二 章
独处，是为了更好的陪伴

在人类历史的长河中，几千年不过是转瞬之间，如果回到那时，男人和女人过着截然不同的生活。在世界的大部分地区，男人都是负责外出狩猎觅食：这是一项危险的工作。这项工作需要他迅速做出反应，或者充分调动力量、勇气与智慧奋力一搏，或者一旦感觉没有多大胜算，以最快的速度爬到离他最近的那棵树上。这种生活方式，一直持续了数千年，需要男人不断增强体力，储存体力，然后往血液中释放睾丸素。睾丸素有助于男人勇于迎接每一个挑战，直至任务完成。

与此同时，由于她们拥有自然孕育能力，白天女人需要待在家里喂养年纪最小的孩子，照看家里其他的孩子，免得他们受到任何伤害。除此之外，她还要留心蛇蝎。她要打扫房子，让家舒适温馨，在做饭的同时，还要倾听邻居们的烦恼与喜悦。与男人做的事情相比，这都算不上有多大危险，所以让女人更加轻松，与别人（大多数是女人）的接触更多。而且，这也需要她分散注意力，同时干多件事情。

到了晚上，男人们结束狩猎回到家。吃完晚饭后，围火取暖的时光到了。即使时至今日，一些土著人中仍然盛行男人有男人的火堆，女人有女人的火堆，并且两堆火中间隔着一段距离。

女人这边的火堆比较热闹：她们说说笑笑，聊聊白天发生的事，互相摩擦肩膀和双脚。她们之间的关系轻松随意，因此白天一人需同时做许多事情给她们带来的压力得以释放出来。女人补充了精力之后，第二天又将满满的爱奉献给家庭与群落。

男人这边的火堆则是另一番景象。男人或蹲或坐，双眼凝视着火光。很少有人说话，只是偶尔有人讲个关于古代英雄立下丰功伟绩的故事，其他人只是默默地听故事。他或许打磨工具，或只是呆呆地看向火花。他没干什么，但是也没睡觉。平静、聆听和警觉的这种结合，正是他重获自我感，与自己重新联系起来和恢复专注迎接生命挑战的能力所必需的。

数千年以来，女人们重新做回自己，获得爱，在与其他女人的交流中感到由衷的舒适。她们互相关心与倾诉衷肠，一起分享与交流，说说笑笑，彼此和和气气，互相安慰，从而建立起温暖持久的关系。男人们也回到了原来的模样：他们向来自信满满的，不论是独处还是定期花时间与三五好友聚在一起时，或沉默寡言，或平静如水，或无拘无束。

与以往相比，如今男人和女人在生活方式和需克服的挑战方面已截然不同。而与此同时，我们的神经系统却有些落后了。

女人在潜意识和直觉作用下仍然希望由男人保护自己，让自己有安全感，这样一来，男人自然想要与女人发生关系，繁衍后代。但是，随着男人和女人神志慢慢地清醒，因而更加清醒的长期承诺（前额皮层产生）随之代替本能的暂时性头脑发热（爬行动物大脑后部产生）。

完整的婚姻，完美的幸福

如今，男人和女人无不想体验一种更加全面美满的生活：想要工作与职业充满乐趣，追求持久且满足的关系，想要创造并参与到幸福家庭生活中，渴望和谐的性生活，想要兼顾平衡与幸福。

男女的需求相似，但是他们的神经系统和生物化学方面仍存在差异。

如今，女人不想被牢牢地拴住——母乳喂养、抚养孩子、烹制食物。她要求拥有投票权，要求参与到之前她被排除在外的所有工作活动当中。她想充分参与到职场中去，追求她所选择的事业。

同样地，如今的男人也不想过白天到野外面对危险，晚上对着火光发呆的日子。他要求提高自己在家庭生活中的参与度。现代男人想要亲眼见证孩子的出生，做一个尽职尽责的父亲，陪孩子过生日，一起看体育比赛，观看学校话剧演出，带孩子去实地考察旅行。他想要与家人一起让家更美好，一起准备和烹制美食。他有意识地选择成就自己，活出自己的精彩。

甚至在情感和夫妻生活方面，我们也能看到这种转换。仅数十年前，多数男人都体会过浪漫，而且在求偶期，有过建立情感纽带的需求。正是这时候挑战和使命落到了他的肩膀上。男人或许会写诗、送花、体会到较高层面的浪漫情感……直到让女人爱上他，用戒指套牢女人，让她很快怀上自己的孩子。之后，他往往会变得不再那么浪漫。一旦事情不再有挑战性，往往他的兴趣会转向其他女人，明里暗里与她们发生风流韵事，再次激起他的征服欲。

成熟的男人认为这些极度男性化的行为，尽管经过了较长时间的考验，但绝不会让他拥有一切。如今，男人因为相爱而结婚，并且立志于建立长长久久、称心如意的关系。除此之外，如今更多男人将一夫一妻制视为一种价值观，而非一种道德要求。过去，许多男人之所以结婚是为了方便起见。这种题材的文学著作不胜枚举：一个男子倾心于一个女子，但由于种种原因，他不得不听从父母之命，娶另外一名女子为妻。当今，这种情况已十分罕见。甚至在世界上最盛行包办婚姻的印度，也有越来越多的年轻人想要自由恋爱。

虽然对于男人来说，所有这些都代表着前所未有的自由，让他得以探索实现并活出自己，在各方面感到满足，但是与此同时，这也为他带来全新的重大挑战。

夫妻之间如何避免来去匆匆

现代的男人没有机会结束野外打猎，回到家坐着，对着火光发呆。工作中的一摊子事儿刚一结束，马上又要面对家庭里大大小小的事儿。他的神经系统适应不了生活方式的日新月异。为摆脱白日间的各种责任，他仍然需要一些个人空间，暂时地逃避现实。独处时，在平静中，他重新找到了自己。

男人所面对的多数新机遇——探索充满爱与宠爱的关系，做一位称职的、陪伴孩子左右的父亲，参与家庭生活——与他女性化一面联系更大。但是这也能让他内心掀起波澜，在感情中迷失。为了与自己的内在保持联系，他需要时刻清醒，以防与其男性本质失去联系。如果一个男人的整个生命都用来结合和建立并维护亲密关系，而不花时间远离一切，建立强大的内心世界，那他就不能高效地应对白天的压力。

约翰说：我发现，相知相爱的情侣们在步入婚姻殿堂后，很快就激情不再了。这是因为他们不懂“距离产生美”。一个成熟的男人能够在感知他对亲密关系需求的同时，也明白自身对独处与静默的需求。尤其是现在的年轻男性，觉得自己在承认和尊重自身男性化方面（独立自主，想要逃避空间）受到诸多限制。当他需要个人空间时，很容易地感觉到他的冷淡，变得不再积极主动地去爱。如果女人试着追寻他，他会变得很纠结：一个自己渴望和谐与亲密，另一个自己渴望独处，拉近自己与内心的距离。或许在女人看来，他不守诺言，但是这可能只意味着他需要一点个人空间。为了避免变得贫弱，他需要一种久违的满足感和幸福感，不依赖于任何外在的东西。

让一个男人有意识地创造平衡，重新找到自我，从而可以尽情享受生活的方式就是让他明白，如何根据神经系统的活动方式而自觉地、优雅地独处和顺应它。

消除压力的方式并非男女皆宜

男人和女人都要明白他们消除压力的方式并不一样。约翰说：这在电影院随处可见。环顾四周，你会发现，90% 的男人都坐直身子，因为他们全神贯注于电影。而与此同时，相当大比例的女人则将身体偏向旁边的男人。男人通过全神贯注、警觉和平静而获得充实感。女人则通过构建一种默契而感到自我充实。

男人和女人在平衡肾上腺素的压力荷尔蒙和皮质醇方式方面存在差异。男人通过分泌睾丸素，女人通过分泌催产素平衡身体压力。你可以通过阅读约翰的另一本书《火星撞上金星》了解更多相关方面的信息。

当一个女人与其他女人趣味相投，无关乎工作或者身体接触带来的乐趣，身体就会释放出感觉良好的荷尔蒙，即催产素，从而消除压力。而另一方面，当一个男人体会到孤独、沉默、平静或者主观感受到宁静，从而身体压力就会降低。当大脑中产生足量多巴胺和五羟色胺时，睾丸素水平得到补充。从而让他充满勇气和能量，随时准备迎接挑战。

诸多生活要求会消耗男人的睾丸素。当他停下来休息时，他的睾丸素储量会自然而然地开始重建，但是当他不再专注于外在活动时，他的脊柱直立，双眼紧闭，令这种重建过程更快。有时候这被称作“冥想”。光照会刺激五羟色胺的转换，但是黑暗或者双眼紧闭可以促使多巴胺的水平增加，从而使睾丸素得到补充。要是你躺下，就会转化成褪黑素，让你产生困感。如果你坐起来，多巴胺含量的增加将会刺激睾丸素进行补充。

尽管现如今男人和女人已享受到更大的选择空间，但是理解这些我们在应对压力方面的基本差异，对于享受和谐生活至关重要。

当男人享受自我空间时，其方向是空间无限的真我本质。纵观历史，那历来是瑜伽信徒们和神秘主义者们所追求的境界。男人或许并未意识到自己已神游于无限空间，当他回到家，企图忘掉白天里遇到的难题时，倘若女人问他：“你在想什么呢？”他回答说：“没什么。”这些空白和茫然时间——当他专注于使命或者任何人时——极其重要。边界逐渐消失，蔓延至无限空间。

对于女人来说，当她们找到纯真爱情时，她们就找到了真我。当女人能够毫无限制地分享和表达她的各种感受时，她才会觉得自己与更加广阔、神秘和无条件的爱情之间形成了某种联系。最终，对无限空间的追求即是发现真爱，追求真爱即是回归无限空间。但是男女的神经系统在这一方面差别很大。

当男人逃避现实时，他会在生活内容之外开辟一处空间，即“闹中取静”。

这种没有条件创造条件也要有自己的私人空间能力，使生活中挑战和难题似乎变得相对较小，因而也更加好办了。这增强了他的自信意识，使他的“我可以的”意识进一步得到确认。如果没有私人空间，最新邮件、最新推特内容，又或者孩子或伴侣的要求，会令他不胜其烦。使他不仅失去了内在的融洽关系，而且也失去了自己存在的意义。但是当他有了一个私人空间，那么一切事情都恰到好处地融为一体。他觉得自己重回正轨，继续向着目标前进，他又能做出清醒的选择了。

重新开朗起来的感觉让男人变得自觉和受鼓舞最重要的品质之一——广泛的参与意识，而非不惜一切地取得成功——重新回到男人身上。他发现自己能够投入到：婚姻生活、父亲角色、他的事业中，他还可以尽可能地施展自己的才华。动静和进退达到平衡。一个成熟的男人不会因过分参与而失去内在的融洽。但是他不会因过分逃避而忘记自己的使命。他懂得维护向内与向外之间的平衡，这才是他做到有意识的关键。

? 哪些因素阻碍着我们

重申一下，我们一定不要忘了正念拥有的至高无上的力量。有时候，对于一个早已养成的生活习惯，你越是挣扎，越是难以自拔。事情往往如此，只是意识到一些潜意识行为的存在就能让我们放松下来，回归轻松自然的状态，最好的结果就在咫尺之间。所以每次我们一起检查有什么阻碍时，请不要过于担心如何摆脱它。只要看看你是否熟悉它，是否可以找到“啊哈，是的！我明白你的意思”这种感觉。能意识到无意识的习惯并不意味着能立刻在行为上做出改变；只是让你意识到，让你更加有意识。

以细节为导向的德斯蒙德

阻碍当代人拥有私人空间，重获自我的拦路虎就是过分注重细枝末节，觉得很多细节都刻不容缓。当然，仅在过去的几十年，科技的突飞猛进使这种感觉无比强烈。短短几分钟里，要收发短信或发邮件，或接打电话，或受到干扰如电视节目、收音机、推特和Facebook更新……似乎永远停不下来。生活在一个如此活跃的世界中，会让男人们觉得总有灭不完的火。即使眼前没有迫在眉睫的事情，那种某种事情忘记做的感觉也会如影随形。这让你很难享受个人空间。你觉得有些琐事要处理，这种干扰容易让人形成依赖性。上一次你坐在候机大厅等待登机，或是坐在公交车站等车，或是坐在候诊室是什么时候？这都是你获得平静的时机，感受周围的环境，实践纯粹的等待——让自己意识到这些。但是现如今，我们很少去那么做。或许正如我们一样，在有限的时间缝隙里，我们会取出手机或打开平板电脑——“无事可做”的闲暇时刻被“找些事做”填满，一直忙忙碌碌。

当你终于能安静地坐着时，你会觉得难受。许多男人说静坐很难，这是因为当你的的确确静坐甚至闭上双眼时，即使没有任何外在刺激，你的注意力也没有因此而闲着，它从这件事快速地转移到那件事。这一问题的关键是，当你做出规避现实世界，转而独处这一清醒的决定时，并非是想让大脑彻底地平静下来，而只是出于好奇，有时甚至是出于惊叹，想要知道大脑这台机器会不会失控。简单地认识到这一有趣的事实并不会立即改变你的状态，但是却会将你带入较深层次的内心世界的某个地方，那里是有意识的，能够觉察一切，即使处于活跃的心理活动中，那里也是镇定而沉着的。那就是纯粹的觉知，就是较深层面的内心呼唤。

身担义务的奥利弗

如今的男人比以往任何一代人都力求充分地参与到家庭生活中去。我们想成为深情款款、懂得体贴的伴侣。我们的兴趣并不止于勾引某个女人“上床”。相反地，成熟的男人体会到充满爱意、和谐的感情关系，还想将这种关系再往前迈进一步。当我们体会到时刻陪伴在孩子们左右，参与到他们的活动当中去是如何美妙时，我们就想做好爸爸。我们喜欢得不得了。我们就是想出现在他们的生命当中。立志做一个好男人，不仅在自己看来如此，而且在别人看来更是如此，这产生了一种血缘拉力：一种有义务参与其中的感觉。所以呢，退避回精神世界或“洞穴时间”更像是一种自我放纵或像是对别人从你身上应得的东西进行否定。

许多男人说当下班回家时，这种拉力尤其强烈。一个男人说的可能是实话：他想要一些休憩时间。他受够了其他人的种种要求，也受够了令人头晕目眩、纷纷扰扰的现实世界。但是当他开门进屋时，迎接他的是爱侣，还有孩子们兴奋热情的要求。现在面对的是一系列全新的义务。

他的伴侣同样忙了一整天。现在，照管孩子、准备吃喝、监督孩子们做作业，也是他的职责所在。抽出二三十分钟回到自我天地的想法令他内疚。有的男人只能借助酒精或大麻或其他东西才能压抑住自己的情绪不爆发。

一头雾水的查理

对于一个与女人一起生活的男人来说，或许他面临的挑战决定了他渴望独处和退避，女人对此可能无法产生同感。女人恢复元气的方式与男人不同：通过与他人之间的灵犀和默契，她们互相吐露心声，倾听彼此的心事。换了男人，这种方式却行不通：一旦进入他的“洞穴”，他便可以独自迅速地解决当下的问题。她更喜欢谈论问题，从而缓解压力。因此，男人常常觉得当他不知所措，想要回到自我天地时，女人反而鼓励他坐下来好好谈谈。当他告诉妻子说“我累了，想找个地方安静一下，休息一下”，她的反应是“亲爱的，那是一个不错的主意。咱们去后面门廊那里坐下聊聊”。除非男人深知何种方式适合自己和何种方式更适合她，否则他可能变得困惑，纳闷为什么对她管用的方法，到自己这儿却不管用。一个女人会快速地下结论：如果他想退避，说明男人情绪郁闷了，或者他不再爱她了。他竟然信了她的话。

紧张的沃尔特

现代男人面临着生死存亡的挑战：需要立即引起注意的紧急情况……始终坐在办公椅里，眼睛盯着电脑。他的身体正在释放压力荷尔蒙：本能地加入战斗或者迅速逃跑，但是他纹丝不动。并不是他的身体累了，所以没有发出停下来去休息的信号。多巴胺水平偏低，让他注意力集中，但是却找不到恢复能量的办法。他绷得太紧了，难以放松。忙碌的大脑将这种紧张的情绪从势必要做的事情转移到观看 YouTube 上的视频，打游戏，又或者只是漫无目的地浏览网页上。现在他不仅没有专心工作，也没有休息一会儿。

一个绝佳的解决方案就是有意地在日间或工作结束后做一些体力活动消耗精力。去健身房健身或跑步，以此向身体发出信号，暗示其太累了，需要与大脑一样进行必要的休息。在大量运动后，心情变得轻松和平静。

如何实践

用伟大的现代哲学家奈克（Nike）的话讲：“最重要的事情就是‘说做就做’。”不管怎么样，把获得内心平和和暂时远离现实世界与践行使命、完成任务、陪伴家人放在同样的高度优先地位十分重要。拓展思维，梳理一下怎样做才算是真正的休息，或许有帮助。

如已论述的，你会发现越想获得暂时的抽离与平和，越是事与愿违。你绷得越紧，越是思绪万千，身体的肾上腺素和皮质醇就越高，越会让你觉得静坐何其难受。关键是在自我心灵空间里，全然地反观内心，觉察身心状态，将一切人生抱负都放下，在静默中感受平和。

身体扫描

实践方式就是经过十五至二十分钟，只做身体扫描。建议你稳坐在一张椅子上，保持背部挺拔笔直，尽量不要塌腰驼背。后背笔直时，有利于脊髓液在脊椎骨底端与颅骨之间自然地流动。当脊柱达到直立状态时，会让你快速地将注意力集中于眼前的事情，此时此刻你的世界里只有自己。

极大程度地深呼吸也是一个不错的方法。起初，只是反复如此。你必须清楚当下的状态。但是，意识到自己的呼吸频率也将慢慢地使你的呼吸越来越长。随着呼吸的节奏，感受腹部运动。越是这样，身体解压的速度越快，身体的元气因此而慢慢得到恢复。

现在你可以开始察知体内的不同感受了。关注脚底。关注腿部肌肉。觉察腹部的感觉，花些时间关注腹部的每一个身体器官。感受下背部和后背中上部直至双肩。你还可以感受胸部、喉咙和面部。像这样扫描身体，只是去感受身体的感觉是什么，在你的意识里包含了整个身体，提高意识的质量。经过十五至二十分钟，你会感到你与意识之间的联系增强了，而且你感受到的是意识本身，而不再是整个身体。

回归精神家园的具体方法

偶尔，刚刚描述的那种静坐或许让人觉得有点不适从甚至难以忍受。如果事实的确如此，不必为难自己，不妨试试其他实践自觉退避的方法。我们两个都喜欢散步。实际上，整本书是我们在马林郡迷人的乡间散步时写就的。与静坐一样，散步也可以使你有效地与身体里的那个“我”联系起来。同样地，练习瑜伽、气功、武术等体育活动，会让你注意力更加集中，更加专注于眼前，因此也是回归精神家园、重拾自我的不错的方法。垂钓、打高尔夫、徒步等运动可能有助于你回归精神家园，释放身心。

放松实践审查

许多男人对日常实践的做法有些矫枉过正。例如，有一种做法对一些男人确实大有帮助，而且事实上，这个做法犹如火箭直接将男人送往极乐世界。它是一种古代的灵修实践，始于中国西藏的宗教经文，已流传了数千年。

方法如下：

1. 把自己一个人关进屋子里。

2. 若想这种修行实践达到预期效果，你需要用到一些具体的道具。你需要买一把特别舒适的座椅。乐至宝和思特莱斯两个家具品牌或许对你有用。你还会用到一台电视机和一个遥控器。

3. 现在将身体放松地仰靠在椅子背上，看电视里的教练正在挥汗如雨地运动。同样，看足球、篮球和棒球比赛也是不错的选择。

对你来说，如此般观看一场比赛或许是最有力、最有效的冥想形式。觉知哪些活动可以真正解压，并对此保持好奇心，从而使你满足家庭和现实世界对你的索求。

休息一天

每周拿出一天的时间进行休息，不需要做任何事情，这个想法非常难得。当然，这一天当中的部分时光应该与家人一起度过，以家人为主。但是像这样的短暂休息，也应该包含独处时间。许多男人在家里或家外某个地方都有属于自己的一个空间，在那里他将看似有用的事情进行缝缝补补。

阿尔让那说：我们有一处房产，并在那里搭建了一个棚屋，它理论上是我的木工车间，其实只是个幌子。请不要告诉任何人，这是你我之间的秘密。我走进车间，将长度不同的螺丝钉分开放，并把螺丝钉放入干净的小容器里。即使不急用的东西坏了，我也会去修好。修理东西只是借口，在这里我可以特别随意地做自己，做一些并不着急的事情。除了我之外，家里人对那里没多大兴趣。这是我开辟的一个好去处，看似有事要忙，然后从他们眼前脱身，在那里给自己的身心充充电。类似于我这个木工车间，找到一个属于你的自我天地真的很棒。找到这样一个地方，你能来去自如，随意做自己，并且自己一个人想待多久就能待多久，直到你觉得心情休整得可以了再重新上路。

吃饱了的蒙蒂

一年一次或两次，试着远离一切。在上一章节中，我们已讨论过使命和目标。针对如何进行为期五天的退避，还详细地给出了具体的建议。一些男人喜欢进行摩托车之旅，或者进行短期的航海之旅，又或者去野营旅行。与伴侣或家人一起做，跟自己做或者与其他男人一起完成，这完全是两码事儿。家庭休假的确不错，旅行中留下的美好记忆将是此后的宝贵回忆。但是休假并不能使你从此远离日常生活的纷纷扰扰。竭尽所能地争取到几天的时间，利用这个时间放松自己，如此一来，当你再次回到世俗世界中时，你便有了全新且引以为傲的经历进行分享。

与他人交流

能清楚地向别人解释自己对空间和退避的需求，特别是如果你正在与一个女人交往，是一种罕见的艺术形式。记住，因为她懂得如何通过与其他人，尤其是其他女人，在随意的交往与联系中，让自己重新焕发生机，所以大多数女人不会理解男人所说的那种对退避和独处的需求，她或许会以为你心情不好，需要支持，而反过来打扰你。

因此，当你实际上需要一些时间独处，将世界抛开时，你需要做的第一步便是弄清楚自己的想法。

第二步便是在科学和可控的角度，确保当你从自我小天地里走出来时，你对花时间独处可以产生的效果做到心中有数。寻找可以丰富自己，为别人付出更多的独处方法。这种方法必须管用。冥想、跑步、钓鱼、徒步、散步、修修补补、练气功、练瑜伽……你都可以试试。你需要找到可以开启自己这把锁的钥匙。一旦找到并且知道非它不可，它将让你自信地与他人交流自己的心得与收获。

第三步是当你足够强大，能够做得更多时，清楚地向人解释你对独处和退避的需求。但是你不能伪装。你必须确确实实地知道，你花时间在自我的“秘密花园”里，这对所有人都有好处。所以现在，你可以下班回家，可以对伴侣和孩子们或者任何其他有求于你的人这样说：

“我爱你。但是大脑罢工，身心俱疲时，我哪儿都不想去。我需要一个人待大概半个小时，不会超过这个时间。等我满血复活了，我就又可以回到你身边，按照你喜欢的方式陪着你了。”

很显然，你不愿意像读剧本一样地把上面的话大声地读出来。末了，你的伴侣会这样说：“听着像是约翰·格雷和阿尔让那·亚尔达说的话。”探究我们在这里陈述的问题要点，然后为了与你朝夕相处的人，你最终会找到妥善解决独处可能带来的麻烦的处理办法，这样一来，独处更像是一个礼物，而不是一种损失。

给成熟男性身旁的女性

一个经常花时间独处的男人通常能够全身心地陪伴你或者其他人。当今世界，我们所有人都或多或少地会承受压力，但是男人和女人在处理方式上并不相同，我们常常忽略了这一点。大多数女人（并非所有人）通过与他人，尤其是其他女人的关系，释放压力。一项对美国加州大学洛杉矶分校的女性研究显示，当女人们只是一起吃顿午餐，只要她们绝口不提与工作有关的任何事情，她们身体内的催产素水平就会翻一倍。男人缓解压力的方式并非如此。千百年来，男人通过不间断地营造一种平和、静默和退避状态，来让自己平衡在睾丸素驱使下进行的活动。即使在短短的二三十分钟内，多巴胺也会升高导致睾丸素储量不足，男人在这个世界上又可以大有可为了！可以为你做些什么了。

很难让男人和女人理解这种生物学差异。过去几十年，我们在社会平等方面获得的巨大进步，促使许多人低估男女之间的生物差异，因为如此一来，可以让他们获得一种性别优越感，或者是想加深性别成见。但是处于亲密关系时，忽略这些差异也可能导致两人发生不必要的冲突和误解。

假若你是已婚人士或者与男友同居，即使只是让他意识到他需要有自己的空间，反观内心世界也并非易事。有些男人甚至会感到内疚：这看起来可能像是一种不踊跃参加家庭生活的表现。但是如果他找到了让自己精神焕发的正确的方法，当他走出“洞穴”时，他将发现自己有好多事情要做。洞穴时间里，或者跟以往一样做冥想训练，或是靠在自己最倾心的那张椅子里看会儿比赛。

如果你想让男人过得开心——他可以见到你，跟你在一起时不走神，可以跟你忘情地做爱，请你一定要学会重视他的退避时间，将这段时间当作他在准备着在你面前来一次完美亮相。

不要试图陪他度过洞穴时间。当他露出想要退避的迹象时，随他去。你或许觉得有必要让他在你的肩膀上哭泣或者听他诉说，但是这种解压方式仅仅适合女人，对男人来说完全是隔靴搔痒。男人常常通过将难题暂时地抛诸脑后，而非通过与人谈论，来恢复精力。当他想要出去散个步，或者到屋后坐一会儿，或者只是溜个神儿，你要知道这是他想倾其所有地对你好的必经途径。

不要将短暂的退避和独处解读为他不再爱你，这是他得以继续爱你的方式。有时每个人都会有被抛弃感。如果你觉得他抛弃了你，将你的感受告诉他，然后依然随他去。如果一个男人觉得你做不到，无法接受他一个人去退避，那他或许会轻易地放弃这种冲动。男人在很多事情上都可能出错，而且与女人一样，对别人的批评很敏感。那么，结果只能是两败俱伤。这样一个不自我、心烦意乱、不堪重负的男人，绝对无暇顾及外在世界的。

如果独处了一段时间之后，他仍然显得闷闷不乐和自我逃避，这或许说明他正经历着较深层次的矛盾。他这种独处或许并不是他所需的“那一剂良药”。他或许在压抑着自己，或许他迷失了使命感和目标感，觉得自己一无是处。男人们偶尔都会有这种感受。他的恢复方式与你的直觉告诉你的方式不同。提醒他该休息了。如果他觉得在他露营或和好友出去自驾游的这几天里，留下你一个人真的没有问题，并且确信没有任何不良后果，那这的确是他尽快走出困境的最好办法：可能比任何疗法或讨论都快。

如果你未婚，并且翘首以待一位成熟男士走进你的生活，与你一起分享爱，一个经常抽时间独处的男人，十有八九是一个成熟的男人——他给你的更多，而你给的爱他也会看在眼里。一个每日都做冥想练习，或者经常以规律、自觉的方式，进行暂时性退避的男人，通常会是一个完美的伴侣和丈夫，也会更加关心你的需求。一个非常善于交际的男人似乎更加有魅力，更加接地气儿，更加有娱乐精神，而一个懂得如何享受私人空间的男人，起初或许会显得不善交际。但是从长远来看，他或许能够与你坦诚相见，坦然以对：他对待你的这种方式，或许正是你内心深处所渴望的。

熟男手记

库特·布莱克森，知名情感博主

大约 14 年前，我当时 23 岁，有一天我从洛杉矶开了一天车去圣地亚哥。我当时很沮丧，感觉自己好像被困住了，接近崩溃，和女朋友在一起的每一天都像活在地狱里。我厌倦了看那些自我帮助类的书去寻找答案，我当时读了有六七百本这样的书。我开着车行驶在 405 号高速公路上，大声尖叫着："上帝呀，我沮丧得要死，啊啊啊，我这乱七八糟的生活啊！上帝，我想了解你。"

这时我听到了一个声音，"走上朝圣之路……"那是西班牙的一条朝圣之路。我当时没有钱，又想出了一大堆关于这个想法有多么不切实际的借口。但是几天后，我遇到了我的一个好朋友，跟他说了这件事。他立马给我开了一张一万美元的支票。他的公司刚给了他价值一百万美元的股票。

我立即坐飞机飞往西班牙了。我剃了头，背了背包，只拿了两件衣服，脑子里完全不知道自己究竟在做什么。我打算走那条比较难走的路，第一天在比利牛斯山脉走了八公里，当时山里大雾弥漫，除了自己的脚，我什么都看不到。我都要吓死了，刚开始的头几天经常号啕大哭。我到底在干吗？我就要死了。

一切都浮现在我的脑海：恐惧、疯狂、判断，在我的脑海中不断涌现。这一切对我来说都是莫大的挑战。有很多次我都觉得自己坚持不下去了，我哭泣，我尖叫，我祈祷，我开始质疑上帝。

然而，我经受住了这一切，并找到了自己走过朝圣之路的方式，这种方式意味着无论如何，在旅途中都要爱自己。我在这趟旅途中始终沉默着，和过去的自己和谐相处。我学着用前所未有的方式去信任自己。

我放弃了一切，走上这条朝圣之路。我放弃了拥有目标的需要，放弃了做出改变的需要，放弃了与众不同的需要。我放弃了自己所有的梦想，甚至没有了写书的欲望。我就这么放弃了所有，并喃喃自语："上帝呀，我放弃了我所有的野心，如果这意味着我会变成清洁工，那这就是我的宿命吧。"我再回到洛杉矶的时候，头几个月基本上什么都没做，就呆呆地坐着。我和女朋友分手了，参加了好几个派对，感觉很尴尬，我更情愿就这样坐着。我怎么跟人交流呢？怎么和女孩交流呢？

我记得几个月后变化悄然发生。并不是之前那种“让我们放手去做”的感觉，而是一种新的感觉。我拿起了电话，这种感觉非常微妙，又十分不同，就好像是有人推着我去拿电话。这是一个很独特的时刻，有一种令人感动的感觉。

我感受到了前所未有的自由和平静。我开始热爱万物，我想让其他人也产生这种感觉。我的第一个客户是个染上毒瘾的教练。我带他经历了一个拆解、治愈、剥开外层的过程，让他与自己的本质相连。他的生活一个月就发生了翻天覆地的变化。他告诉了自己认识的每个人，于是客户一个接一个地出现……他们的生活都发生了本质上的变化。如今我的生活中有很多变化，至少表面上如此。我坚信，如果没有去探索朝圣之路的深层本质，我不可能出现在这里，保持镇静，感觉自由。

我每天都会放空自己，花时间走进自己的内心深处。我相信占据空间的重要性，获得那种空间感，然后从空间回到现实。

Chapter 3
第　三　章
成熟，意味着小心翼翼练习爱

一个成熟的男人已学会问自己两个至关重要的问题。当他问“我是谁？”时，他就会退回到自己的内心世界，去探求自我的身份。当他问“何为我存在的意义？”时，他就会进而回到现实世界中去，发现他自身的价值。这两者之间达到一种平衡可以实现尊严与目标的兼而有之。现在，你之所以回到现实世界，并不仅仅是为了自己。对于生活，你变得不再斤斤计较，而是一门心思地想为这个世界尽一份力。你不再只是一个索取者，而是一个奉献者。

当我们迷失方向时，爱变得何其难。然后我们感到害怕，我们太把自己当成一回事，我们被压得喘不过气来。只有内心足够强大，你才敢于敞开心扉。

单独坐在冥想垫上是安全的。当你冥想或祈祷时，你可能会体验到一种博爱。反复观察这种爱并将其落实到实处，直到你学会以自己的方式去爱。你需要鼓足勇气。与此同时，当你供职于某家企业或为客户效劳时，脆弱的关系基本上不是你需要考虑的问题。当你学会处理与你关系亲近的人之间的矛盾时，他们会觉得他们被深爱着，你更远大的使命很可能会变为伸手可触的现实。

个人之间亲密的爱赋予自身使命感和独处以统一和完整。爱的勇气让这两者变得更加真实和强大，最有可能让一个男人获得真正的发展。

起初我们的沟通是基于默契，并从这种沟通模式中不断获得新认识。男人曾经认为，好吧，现在我供养着她，给她一个家，让她在经济上和吃喝上无忧无虑。跟我做爱，为我生儿育女是她的天职，是她欠我的。一个成熟的男人不会企图从女人那里索取什么；他会与女人一起分享他的所得。他的关注点发生变化，从只在乎成功到在乎一个人——他可以与这个人分享他的成功，所以他深爱她。

感情“合气道”

当你的伴侣只是坐享其成时，你很容易地就会对她感到不满，这会伤害到你们两人的关系。当我们不再在这些事情上斤斤计较时，她隔三岔五对你提的意见和对你的反应，就不再会风吹树晃——因为你对此已经有了免疫力。你是明智的，你的目标感已经深植于土壤中，你对自己的认识得以升华，不再只是停留在转瞬即逝的想法和感觉上。你不再依赖于通过伴侣对你的感情、认可和接受来定义自己。你有了深爱的能力，因为你有能力独立为身处感情关系中的自己下定义。

这种感情关系成为一个契机，让你得以加深对自身的认识，奉献得更多，变成一个强大而深刻的男人。与其等着她做出改变，反而不如自己先做出改变，新的自己学会了无条件地去爱，尽情地将自己的爱倾注到这段关系中。当你感觉到来自他人的攻击时，你可以问下自己：“我的内心正发生着什么？我做些什么才能与她再次建立起联系呢？”

认识自我不需要依赖于与别人的亲密相处，但是只有通过与别人的亲密相处，你才能不断认识自我，发现自我。当你拥有自己的孩子时，你的自我认识水平又会更进一层。现在你不再限于一种互惠互利的恋爱关系，也包括为人父母后，对孩子无条件地奉献自己。你的孩子不欠你的。对于男人和女人来说，最伟大的成长是为人父母：为了孩子可以献出一切，但是对于我们自身的幸福却不抱有任何期许。

慢慢地，我们学会放弃男女关系中的受害者心理，因为归根结底，一个成熟的男人就是不断学习为自己的生活负责。你可以每天学习试着放下过去，发展自己的能力，创造属于自己的未来。你可以以创造你心目中的感情关系为己任，正如她会学习将你最优秀的一面激发出来一样，你也可以将伴侣最好的一面给激发出来。

这需要我们的男子汉气概成熟而明智，但这也需要讲究工具与技巧，而在我们小时候，许多东西原生家庭并没有教过。

爱是一种实践

约翰说：我记得，在我和邦妮结婚七年之后，有一次，做完爱后，我对邦妮说："真是太棒啦！与当初的感觉一样美妙。"

"哎呀，我觉得比当初好多了。"她回答道。

"真的吗？怎么会这样？"我问她道。

"刚开始，感觉挺不错的，"她说，"但是，那时候，我们对彼此的了解并不深。如今，你看到过我最好的一面，我最糟糕的一面你也看到过，而你依然喜欢我。"她说完后，我不得不停下来思考一下她话里的意思。我从来没有那样想过。这一刻让我变得更加有男性意识。七年以来我们所积淀下来的浓浓的爱意，使我们对性生活感到更加满足。

在你深深地爱着一个人时，也是你全方位地了解你所爱之人的过程。并不是要幻想着她是一个完美的女人，而是要不断成长，只因你决定每天爱她多一点。去试着爱一个人吧。生活中，友情需要建立在奉献之上，并非自然而然地发生的。同样地，婚姻也是如此。起初，婚姻只是存在于幻想中，然后婚姻存在于双方的互相迁就中。当你很难做到迁就对方而对方又离不开你时，你也能应付自如。你曾向对方许下承诺。外面的世界有太多的诱惑与纷扰，你之所以能经受住它们的考验，只因为你不能背弃承诺。你在爱中成长。

最后的结果是，你们之间的这段感情变得神圣起来。“神圣”和“牺牲”这两个词来源于同一个拉丁语词根“sacer”，意思是“神圣的”。当你甘愿为某个人牺牲自己时，你使那个人变得与众不同，使这段感情变得神圣。

我们都曾恋爱过，这通常发生在你与某人初次见面而彼此了解并不深之时。这只是惊鸿一瞥，让你看到，当你真正地睁开你的眼睛，敞开心扉时，世间万事万物何其美好，但是这尚且处于虚无缥缈之中。你要试着练习把它具体化，稳定它，完善它，实践它。

男人面临的最大挑战之一便是期待爱情是自然而然发生的事情，正如当初你顺其自然，不用去刻意做些什么时一样。这种对浪漫爱情的窥见是一种化学反应，而且是在对的时间遇到对的人。然而，爱情中的天时地利人和迅速地不见踪影，你不得不坚持不懈地、反反复复地练习打开那道门。大家很容易认为，让你去体会各种浪漫的感觉属于天经地义，但是当你再也体验不到它们时，你想当然地认为这是对方的错。然后我们变得沮丧，因为我们对感情抱有不现实的幻想：如果我们和对的人在一起，那么爱情、喜欢、吸引力和激情应该是自然而然就会发生的。

还记得Netflix，或是取之不尽、用之不竭的互联网资源，可以免费试用一个月吗？他们希望引你上钩，然后你不得不乖乖地付费开通会员。在爱情上，也是一样的道理。当你坠入爱河时，你可以免费地看一眼；然后为了获得持久的爱情，你要做好准备，每天不断地为之付出。

衡量爱的标准，并非是你的自我感觉如何，而是其他人的看法。给人留下稳重自持的印象相对容易。当你能让伴侣或者你们十多岁的孩子深刻地感受到你对他们的爱，那时候而且只有那时你才会清楚自己做了什么。这需要将生活当作一种艺术来过，而非意外。

你发现，爱情并不是你偶尔间突然产生的一种感觉。它是一种可由你选择、训练、培养和成就的事情。

突破遗传局限——让不可能成为可能

通过反复练习，你学着打破遗传和后天条件的局限，并开始将你爱人的能力转变为一种有意为之的艺术形式。

通过思考身体结构，我们可对此有更好的认识。你的父母可能长得肌肉发达，矮壮结实。受父母遗传影响，你天生就强壮结实。这方面你无能为力。但是同样地，你的父母也可能长得又高又瘦，所以你的体型有点像竹节虫。（“就像我一样。”阿尔让那说道。）如果你每天就是吃饱了睡，睡饱了吃，在你身上很可能找得到父母和祖父母的影子。

有些男人选择将精力放在塑型上，把身体打造成理想中的模样。阿尔让那说：我的大儿子阿比就是一个很好的例子。在他十几岁时，他长得很像我。后来他开始长个儿，腿细得跟火柴棍儿似的，跟我的两条腿是一样的。但是有一次他说："我觉得，从父母那儿遗传而来的身体并不是我想要的，我想自己塑造自己的体型。"16 岁时，他开始去健身房运动。他将身体锻炼视为一种宗教信仰。他还学到了大量有关营养学的知识。他学习了如何有意识地举重而不损伤身体。现在，他的体重高达 190 磅，而不是没开始锻炼前称得的 150 磅。当他出现在房间里时，塑造勾魂摄魄的体型并非他的初衷。这是有意识地选择与自律的结果。你看到的是他有意识地选择创造某种东西。

与之类似地，你可能有一个非常不健全的家庭——父母吵架、酗酒，甚至家暴。你可能就是在这种家庭环境中长大的，并且父母的言传身教开始发挥作用。然后你或许产生了可怕的念头：你变成了你父母的样子。抑或是你比较幸运，生在了一个父母疼爱你，家庭生活美好而和睦，爸爸妈妈亲吻拥抱着叫彼此"亲爱的"的家庭。你或许长大后与自己的高中恋人修成正果，从而过着与父母同样幸福的生活。

以上就是两种截然不同的后天环境。一个看上去是美好的；另一个看上去是丑陋的。但是，作为一种遗传的必然规律，不管你过的是其中的哪一种生活，同样都是潜意识的行为。

无论你出生在积极或消极的环境中，这些环境还是会让你产生无意识的行为。成熟的男子汉气概意味着你小心翼翼地进行爱的练习。

从这个意义上来说，不幸的童年经历反而是一种优势，因为显而易见，你非常有必要学习爱的练习。当你觉得大多数时候一切都很美好时，你或许已经上升到了我们所说的一种“无意识能力”境界。如果现代社会仍延续着三十年前的生活环境，那么“无意识能力”意味着你接受了完美的训练，让你能够建立积极的感情关系。当今世界日新月异，推动传统角色发展或许需要成千上万年，所以大多数的传统角色都退出了历史舞台。

无论你出生在一个非常健全的家庭还是出生在一个极其不健全的家庭，除非我们对自身的男子汉气概有一个成熟的认识，并且承认你每天都可以选择进行爱的练习，否则两种套路皆可能是灾难。

存在是关键

正如一个成熟的男人认识到进行爱的练习的必要性，通过实验，他慢慢地发现，爱并不仅仅是说对话或者是做对事。当然，说一句“亲爱的，我爱你”，或者买一束红玫瑰送给她确实可以帮到你。事实上，这对你的帮助十分有限，更加重要的是你对她的态度。归根结底就是要用心。生活中的每个人渴望的是你能一门心思地出现在他们眼前，用心陪伴着他们，心无旁骛，这比什么都重要。这才是真正地为所有人提供了精神养料。

阿尔让那说：有时我走进房间，查美利正苦于被外物干扰。她可能会说“这个地方太糟糕了”。我下意识地想要跑去收拾房间，以期获得她的认可。我终于明白了，第一件要做的事就是定下心来，让自己与内在联系起来。只有每天坚持做独处和退避练习，我才能定下心来，与内在的自我建立联系。之后，我可以望着她的眼睛，我可以露出笑容，而且我可以做到发自内心地微笑。我可以说“我肯定会把这些乱七八糟的东西好好收拾收拾”，但是这些话只是浮于表面。在看不见的地方，你镇定自若地看着她的眼睛，（无声地）告诉她“我在这里，感受一下。我来搞定这件事，你可以放松一下了。”

关键是怎么做。你并不总是需要把那些话说出口，而是把话里的意思通过身体传达出去。那就是一个男人可以送给一个女人的最好的礼物。

“老婆赚的比我多”怎么办

我们常常都会听说有关丈夫没有妻子挣得多这样的事。这使我们思考何为好男人。仅仅几代人以前，好男人的主要衡量标准是他在物质方面的能力：让妻子在经济上有保障，为她遮风挡雨，不让她忍饥挨饿，挨冷受冻。

我们都有过不同的经历。拿约翰来说，他是家里的主要收入者。邦妮是一名兼职文员，要兼顾家里大大小小的事情，还要照管菜园，为一家人做可口的饭菜。另一方面，查美利比阿尔让那挣得多：她是一位极其成功的外籍教师。尽管经济条件存在很大差异，但是我和约翰发现，我们在如何深爱一个女人方面有着相同的经历。

当女人在挣钱上面强于男人时，此时男人身上的女性化一面得以突显，很可能变得消沉，丧失使命感。它也可以成为一个男人厚植真实天赋的大好机会。这跟他挣多少钱没多大关系，而是取决于他是否在实现目标的路上。就查美利而言，只要阿尔让那在践行着自己的天生使命，那么，夫妻两人谁挣得多，谁挣得少不会影响她一丝一毫。

阿尔让那说：一对三十出头的夫妻来上我的培训课程。他们的职业都很体面，但是丈夫打算辞职著书立说，他低三下四地求出版商将他的新书推出“产道”。出版商那边一筹莫展，但是如今社会结构的转换致使他一整年颗粒无收，而靠妻子一人艰难地支撑着一个家。他的自信丝毫不减当初，她依然以他为荣，她觉得可以给予他更多的信任。这之所以成为可能，是因为与财务目标相比，他将发挥自己的天赋当作优先事项来抓。

? 哪些因素阻碍着我们

急躁的艾萨克

在你去健身房锻炼肌肉时，如果你将目标定在5磅重或10磅重，那你是无法实现快速进步的。你需要为自己设定一个“跳一跳，够得着”的目标，这样你才能看到自己的进步。学着去爱也需要你愿意接受挑战。在一些事情上，女人的存在可能会无形中给你增加了难度，生活中难免会有这样的时候。当她觉得被忽视或感到受冷落时，或许很难搞清楚女人心里到底在想些什么，似乎很难取悦于她。

学着深爱时，男人面临的最大挑战就是要理解她的神经系统的结构有异于你。经常在男人创造的工作环境中工作让她有压力。她需要应对与我们相同的挑战，我们在想方设法地在最后期限前完成工作任务时可能会乱哄哄的，而她却不会。她一整天都在处理难题，但是退到“洞穴”里以忘掉这个世界的方法可能并不适合她。

如果她恰好有一个贴心的伴侣，时刻陪伴在她身边，无微不至地照顾她，制订约会计划，向她表达浓浓深情，认真地听她诉说，安慰她。这就会刺激催产素分泌，从而缓解了她的压力。

我们所掌握的速成技巧如下：对于女人而言，所有表达爱的行动都是一样的，她需要你经常而反复地向她表达你对她的爱。你可以每周送36朵漂亮的红玫瑰给她，这会让她体内的催产素含量大幅增加。你也可以只送一支玫瑰花给她，效果是一样的。坚持时不时地送一支玫瑰花给她，你照旧可以让她体内的催产素水平大幅升高。如此反复，压力降低，心门敞开，她觉得她被你爱着。

健忘的弗雷迪

阿尔让那说：多年前的一天，我在逛英国的一家古董店时。在一个高高的架子上，我看到从农业机械上拆下来的一块铁板。标志牌上写着“没有操作人员在场时，不要试图把机器放在齿轮上”的字样。我把它买了下来。几十年来以来，我从一个住处搬到另一住处，但我一直把它带在身边。它成了我的座右铭。在学习深爱时，这条格言值得一记。

我们忘记了“在场”的力量。你可以回家后轻吻妻子的脸颊，并敷衍性地咕哝一句“我爱你”。但是如果她觉得你说话并不走心，那就意味着你说的话没有任何意义。同样地，你可以回到家后，稍稍放低身子，以便感觉到脚底下的地面，然后看着她的眼睛，而不看其他任何地方，说“我忘记买黄油了”。如果她感觉得到你整个人都在这里，没有一丁点儿分神，下次见面时可以比第一次有更多的身体接触，她会在这种感觉里沦陷。

心灵受伤的威利

在感情不断加深的过程中，你面临的最大障碍之一就是被敏感心理玩弄于股掌之间。跳舞时，如果身体过于贴向对方，被踩脚的可能性更大一些。我们都在某种程度上仍然受到儿时各种关系，特别是与妈妈的关系的影响。你无法彻底摆脱过去。如果你没有意识到它或者不去承认它，那么你的过去很可能参与到你的现在中，让凡事都偏离正轨。当过去的伤痛浮出水面时，它们不会自带霓虹标签“警报：这是你与妈妈之间未解决的问题。”你或许会发现自己变得爱批判，挑剔和责备人，或许会产生受威胁感，变得有戒心，觉得它在控诉你。在下一章我们将探讨如何解决这些伤痛。

教条的道格拉斯

迷恋旧式极度男性化（我们就是从那一阶段演化而来的）的做法十有八九被认为是正确的。家族中的长辈是不容置疑的。他说是就是，说不是就不是，只有他自己懂得分辨真话与谎言。尽管生活方式发生了很大变化，但是我们都知道这些习气的影子还在。试图甩掉这个影子并非关键，关键在于对自己和所有人诚实，坦言相告。我们需要明白，当我们选择在舌战中取得肤浅的胜利时，我们就失去了一起分享爱的深层次满足感。

小题大做的菲利普

与旧式孤陋寡闻的家庭生活时期相比，如今，想要拥有一段亲密的关系的方法如此之多。这种可能性都数不过来，仅举几个例子，比如你可以选择单身、禁欲、一夫一妻或者跟别人发生多元之爱。有关性方面的探索方式各种各样，但是为了彼此爱得深刻，事先说好并且要说到做到。

身为男人，你很可能整天都会留意美女。我们的天性决定了我们不断地寻找新机遇和挑战。看美女而且发现她也在看你可以提升你的能量，点亮你的一天，无论你身处何境。

顺便告诉你一声，约翰结婚 30 年了，我结婚也有 13 年了。我们都发现，与同一个女人共度人生，每天爱她多一点，每天加深对婚姻的承诺，对各自的妻子的认识不再只是停留在外在美，这种认识是在三心两意的感情关系中未曾有过的。我们发现，没有任何东西比一夫一妻更能让你至爱至亲。

选择权在你这里。重要的是在于你的选择要不含糊而明智，然后要使你的实际行动与你做出的选择保持一致。有时候，至爱或许需要你牺牲近在咫尺，令你垂涎的享乐。或许意味着即使现时境遇令你如鲠在喉，也要你待在这里，不跑开。阻碍你深爱的羁绊就是及时行乐，但是如此一来，你也失掉了更加长久的东西。

如何实践

还好有你在

你走进房间后，养成开口说话前先想想下腹部的习惯。

深呼吸一口气，深到足以使你的下腹部稍稍鼓起。你甚至可以把一只手放上去感受一下，加深印象。从 1 慢慢地数到 3。

说话之前先进行眼神交流。告诉自己你不是看向你的伴侣，而是看进她心里，就像你在跟灵魂深处的她玩捉迷藏。

你不仅在场，而且要冷静、淡定而从容不迫。如果你做不到冷静、淡定而从容不迫，那或许你需要退避几分钟，渐渐地定下心来。练几分钟气功或做其他运动真的可以帮上忙。

让存在的感觉散发到周围的空气中，好像张口会说“我在这里”，不管你有没有将这句话说出口，都能让她清楚地感觉到你的存在。有时当她告诉你她的感受时，离你的伴侣近一步会有好处。

纯粹的倾听

我们会利用整整一章的篇幅谈谈倾听。以能被对方接受的方式去爱是关键中的关键。因为男人向来给人的感觉是注重行动和成绩，他们觉得提供解决办法才是衡量爱的最切实有效的办法。但是记住：当她能够畅谈感受时（没有管你要解决办法），她体内就会分泌催产素。

如果必要的话，去一家文身店。卷起袖子，把这些字文到小臂上：“倾听。问问题。说‘我想知道得更多。我想要更好地理解一下。’”如果你穿的是短袖，那你只需多低头看向手臂，你与她之间的感情将会显著地改善。

我们向大多数男人提了这个建议（呃，好吧，我们建议所有男人都这样做），他们并没有文文身，但是大多数男人还是找到了要点。关键是要倾听、问问题、要有好奇心，将解决办法简单化。

【顺便说一下，如果你恰好是一个不怎么幽默的人，那上面的建议对你来说是一个笑话。关于幽默，我们会在下面的章节中谈到……】

深化信任和一夫一妻生活

我们已经谈论过有魅力的男人所要面临的挑战。如果你是这样的一个男人——比如我们——向往一夫一妻生活，那最最关键之处就是要诚实，它对实时性的要求如此之高，而且如此注重细节，所以如果你做不到诚实，那一切皆为浮云。

阿尔让那说：我将一天当中喜闻乐见的事情都告诉妻子。即使我做梦梦到了一位美女，早晨醒来后，我可能也会把梦的内容告诉查美利。如果你每天告诉自己要在诸如这类细节上做到诚实，或许你无法做到完全不介意，尤其是开始的时候，但是在一些小地方上面建立起来的信任感可能是你想象不到的。她知道你是一个健康而正常的男人，你有性能量，但是当你感觉到性需求时，你并没有采取行动。从长远来说，与你假装自己是圣人，从来不看漂亮姑娘相比，这对建立起彼此之间的信任更加重要。

作为一个男人，问题不在于“如果”你被除了她以外的女人吸引，而在于“当”你被除了她以外的女人吸引时，你会怎么办。要发生的总会发生。

当你产生这种能量时，要去充分地感受它。把它当作一种愉悦的身体感受、一股活力，发自内心地去尽情地享受它。对自己能享受到这一愉悦的能量而心存感激。

一旦这种感觉在体内苏醒，你要加以引导，脑子里想的是你的伴侣。当你出差或者因任何原因不在城里时，或许你会与一位美丽的女士共进晚餐。如果你留意到自己深深地被她所吸引，全身心地去感受这种诱惑力，然后告诉她你多爱自己的妻子。

或者，如果你在外出行不能直接回家，那么写一封情书给她或打电话给她，重温当初她对你的致命吸引力。这些有意识的练习训练你的身心，让你的身体保持浪漫的感觉。

重现两极化

许多夫妻生活中彼此分担的责任有太多重合内容，因此觉得受到了挑战。我们都需要工作，采买生活日用品，接送孩子，做饭，而事实上，我们做的所有事情完全相同。因为我们的角色高度重合，所以男性能量和女性能量的两极化很容易地就会消弭，进而让你觉得伴侣眼里的自己魅力不再。就像这样，到头来你能感受到的爱变味了，变成了友情。

很多不错的方法都可以帮你重建两极化。一种是自己一个人待着或者与你的男性朋友在一起聊聊天。如果你的伴侣和他的女性朋友们小聚，你会重新感受到你与伴侣之间的不同，但是同时还是会相互吸引。

另一个练习充满了乐趣，并且可以快速地修复爱情，让你们的两极化重现，那就是花几个小时角色扮演。阿尔让那说：我常常用这种方法训练夫妻。我建议他们，不彼此依赖，着装风格要异于平日。对于一个走嬉皮路线的男士，我建议他西装革履。对于商务型男士，我建议他秀出自己的摇滚明星范。与之相似地，我也向女士这样建议：就是要与一直以来的穿衣风格不同。之后，在约会时间，她前往酒吧或餐厅，并独自坐在那里。她给自己起了新名字，编织了新的生活故事。几分钟以后，他在同一个地方出现，走上前，问她自己是否可以坐下。就这样，他们开始在这些全新的角色中慢慢了解彼此。提前在酒店订好房间是一个很好的主意，因为这样就可以不再循规蹈矩地重复每天的生活，重燃彼此间的化学反应，再次热烈地爱上对方。当你认为对方的爱理所应当时，爱情之火就熄灭了。伴侣身体里那广阔无边、尚未探索的神秘爱情之火只因“我的妻子，我的女人”而瞬间熄灭。换个身份，换个故事，给彼此创造机会重新认识，你就可以重燃爱情之火。

每天反复地练习伴侣身上让你欣赏的品质。永远不要高估自己夸赞伴侣她有多漂亮的次数，她对此不厌其烦。上午 9 点你告诉她你觉得她漂亮极了，到了 11 点钟，她已经把这句话忘得一干二净了。你可以再说一遍，感觉还像是第一次听到你这么说。

欣赏练习对于我们注重逻辑的线性头脑并没多大吸引力，所以这种练习的益处似乎没那么明显。但是生活中发生了什么事需要去处理，可能这样的沟通才是有用的。如果你的伴侣正在做让你心烦的事情，那么请求他停下来或换个地方或许管用。但是，谈论已知的喜好和偏好对于我们的灭火思维来说用处不大。然而，这种谈论其实无比重要。

是否如此，你试一个月就知道了。坚持每天都告诉伴侣你喜欢她什么，每天说五遍。

你的发型真漂亮。

我超爱你在公司的人气。

你的创造力令人欣赏。

你对几乎不认识的人居然也能那么友善让我喜欢死了。

我爱你，你的厨艺太赞了。

我爱你，你真好闻。

你真棒！让你一装修，那间闲置的房间变漂亮了。

坚持如此，一小时接着一小时，一天接着一天，一周接着一周，之后你会发现这种欣赏的确非常有用。这是变枯燥和苦累为浪漫和火花最有力的方法。

奉献意识

人人都有崇拜神的自然倾向。所以才有那么多的教堂、清真寺、寺庙、无数的神灵和雕像遍布世界各地。尽管我们自以为久经世故并且受过良好的教育，但是在某些方面，我们反而喜欢低头鞠躬，向超过我们娇小的头脑理解力的神灵表达敬意。

当然，你可以向一尊雕像、一幅画或者向你想象中的“神灵”鞠躬。但是，你也可以管理这些感受，至少部分地，将其引向你的伴侣。

听上去很奇怪？对于大多数人来说，确实如此。或许这种方法并非适合每一个人，你可以看看它对你是否适用。但是，也可能有非同凡响的收效。

阿尔让那说：查美利和我多年以来不间断地用这种方法练习，这可能是我们一起做过的最重要的一件事情。这种方法非常简单。早晨你们醒来之后，在穿好衣服之前，在床上相对而坐。如果觉得床不够舒服的话，你们也可以选择坐在两张椅子上。

轮流进行这个简单的练习。可以是简单地表达感激和承诺，也可以是超越屈服和奉献的表达。你们中的一个人可以做约两分钟的发言。你们可以表示感激、承诺、道歉、投降和崇拜。如果找不到恰当的字眼，可以用这些当草稿。建议采用类似如下的措辞：

> 我爱你。我了解你。你可以比我自己更了解我。我屈服于你的智慧，你的了然。今天请让我做最好的自己。我甘愿屈服于我们两人结合在一起的智慧，屈服于爱情本身的智慧。我是如此地心存感激，我们可以共同踏上这一征程。谢谢你陪在我身边，谢谢你让我们在一起这么开心，还有我们共同创造的一切。如果我曾当你是理所当然，我向你道歉。并且，我发誓，我对你要完全地忠诚。我发誓，我要和你在一起。我发誓，会把我们之间的这段感情当作我的全部。我爱你。

最终，你被伴侣降伏，在伴侣面前下拜，她可以用手轻抚你的头，将这看作是一件幸事。

如果所有这些听起来都有点“遥不可及”，那你想象一下，当你交换角色，听她对你说这些话，这种感觉有多棒。

然后你切换回来。你的伴侣也会以同样的方式屈服于你，对你说类似的话。

以爱之名开始每天的练习。

如果信神和敬神是单向的，那会令你们的感情关系产生瑕疵——你们在一起不快乐了。那意味着两性感情关系中还需要另外一种品质——

征服。然而，当信神成为一件双向的事情时，就是加深一份爱情的一把神奇的钥匙。

给成熟男性身旁的女性

有时候，男人会说，他们不懂如何打动一个女人。对于一些女人来说，这里我们谈到的内容可能非常基本和明显。一个女性读者说："你令所有男士听上去都像是患了亚斯伯格症候群。"但是我们与你分享的一切，近来某些时候，给某人帮上了大忙，甚至偶然间让一段感情死而复生。

在很长的时间里，与如今相比，我们的男性祖先对女人的方式与我们迥然不同。他们懂得如何通过向女人提供经济支持、房子、有吃有喝，或许周末修剪草坪等方式表达对一个女人的爱。关于如何做一个爱妻子的男人，他们有自己的清单，而且要想知道他们是否成功了是一件轻而易举的事情。如今我们的角色无法再像从前一样被清晰地描绘出来，男人们也往往并不懂得如何去表现对女人的爱。在成败问题上，男人们会轻易地变得纠结，会因自己爱的方式未能让对方接受而觉得有挫败感。

所以当他的小举动成功地感动了你，让你觉得被他爱着时，你要让他知道。当他知道他的爱打动了你时，这会激励他为你做更多的事。他会因"任务完成"而斗志昂扬。

男人会因他不能让女人幸福而变得垂头丧气。如果他恭维你，送你礼物，留字条给你或者尽力组织活动取悦你，你要确保你能接受它，并且让你自己小小地狂喜一下。当他知道自己的试探达到了目的，获得了小小的胜利时，他的世界会变得大不一样。

提出明确的要求

男人们说别人常常提醒他们正在做的事是错误的，然后他们就会变得迷茫，不知道自己需要采取什么行动或做出什么重大变化才会挽救现状。例如，当你回到家，发现房间和厨房乱七八糟，或者没给孩子换纸尿裤，或者该买的东西还没买回来，一个成熟的男人会将一切处理得有条不紊。

不要为他收拾烂摊子，这会让他备受打击，让他产生愧疚。尽量向他提出明确和直截了当的要求。比如，你告诉他说："请你立刻收拾好厨房，那里的一团糟实在让我很恼火。"或者，你可以说："晚餐我想为你做一顿好吃的，可是我忘记买花椰菜。你能去超市买一颗回来吗？"好男人爱说："交给我吧。我来搞定。"

大多数男人因事情办好，将其在清单上划去而斗志昂扬。对于你在乎的事情，如果你给他明确的任务指示（让他有可能取得成功），那么你的需求将会得到满足，让他自我感觉良好，激励他进一步做更多对你意义非凡的事情来表达对你的爱。

将他从让你快乐的责任中解放出来

男人和女人通过耳鬓厮磨养成的旧习惯就是我们可以让彼此快乐。但事实并非如此。

当你已经非常快乐时，他会让你更快乐。所以当你很快乐时，他只需做些小事就可以取悦你，让你感到快乐。当你不快乐时，他可以在你身边陪着你，听你诉说，与你感同身受。

支持一个男人充分发挥自己潜力的一大关键就是要认识到幸福是由内而外的。一旦你对自己的快乐负责，男人可以让你更快乐，反之亦然。

将生活中你所能控制的让你不快乐的所有因素列一个清单。然后，再列清单，清单中的事情是你所能控制的、能让你更加快乐的其他所有事情。对于许多女人而言，这样的清单可能会包括：与闺蜜共度停工期，放松一下，做一个吃货，用好的精油泡个澡，有漂亮的衣服，享受精致生活。或许你的清单上还包括鲜花和巧克力。

为了将一个男人最好的一面激发出来，为他少做些事情，要做更多事情取悦自己。约翰说：这是我的另一本书《金星女火星男为什么会相撞》的中心思想。如果你给男人做得少一点，给自己做得多一点，让自己更加快乐，那么他也能松一口气，不再需要对你的快乐负责，而且当你自己感觉已经非常好的时候，他会感到轻松就能让你快乐。

熟男手记

盖伊·亨德里克斯，人际关系师

1979 年我和前女友生活在一起。我们当时在一起大约五年了，我们俩相处的模式：我们中的某一个会承受一些东西，然后发泄在对方身上。我们会大声争吵，然后以做爱结束，几个星期后又会出现这样的循环，这就是我和她在一起生活的状态。

有一天我们又陷入了争吵，这时我突然意识到：天哪，这可不是我们第五百次争吵，而是我们第五百次重复几乎相同的争吵。我可以从这个相处模式中抽身出来，清楚地看到这个模式。这时我问她：“你想拥有一段对彼此诚实的关系吗？在这段关系里我们都承担责任，而不是互相责备，我们聚焦于创造力而不是攻击彼此，你想拥有这样的关系吗？因为互相攻击花光了我们所有的力气。”上天保佑她吧，因为她说了“不”，她说她只对把一切错误归咎于我的感情感兴趣。我们名下有一个小屋，我独自在那里过了几天。我问自己，我究竟想从一段关系中得到什么呢？我静静地坐了一会儿，然后意识到我想要一段两个人都是真实的自我的关系。我直接问上天，我要做什么才能拥有这样一段关系呢？

我在那个小屋里待了好几天，直到我清楚地看到每一场争论都始于我们其中一方说谎，或者隐藏我们的真实情绪，无论是悲伤还是愤怒。然后一方开始指责，另一方进行反击，争吵会持续升级，直到我们停止争吵。

我对着自己和上天做出了承诺：“这就是我想要的生活，如果我无法拥有这样的生活，那么我宁愿孤独。但是我不会将就。”那天我们俩分手了，显而易见我们俩想要的并不一样。

三周之后我就遇到了我现在的妻子凯蒂，如今我们俩已经在一起35年了。我俩互相吸引的原因之一就是我们不想要创造一种互相指责的关系，而是追求一种承诺互相负责、互相交流的关系。我们承诺要对彼此诚实，承担责任而不是互相指责。

我们花了一年时间才弄清楚承诺究竟是什么，这实际上是我们前进的路标。路标之一就是坦诚，说出我们的感受。还有就是对出现的事情负责，而不是指责另一方。最后一个是对创造力的承诺。这三点起了很大的作用。

从我们彼此做出承诺那一刻开始，我们花了三年时间才以完美的样子呈现在彼此面前，因为有一些东西学起来很难。我们需要专注于学习如何诚实对话，从不指责对方。这种关系就像是形而上的冲浪，我们都在浪尖。

Chapter 4
第 四 章
倾听，然后说出这三句就够了

倾听使男人完整。倾听另一个人的诉说常常被认为是一种道德美德或者社会美德，但是同时，倾听能使你走进一个人的内心深处，是一种比转瞬即逝的想法和感受更加强有力的方式，让你的内心更加坚定不移，不可动摇，沉默而平和。当你在倾听时，不再试图做出改变，或去解决，或去说服，而只要去发现另一个人身上平时看不到的那面，你在自身男性化一面和女性化一面之间就能找到平衡。男性化一面警觉，保持立场不变，而女性化一面使你在聆听对方的诉说时，对其产生同理心和同情心。

如果你走出去，抬头望着天空，高喊一句："你已经一周都没下雨了，你这个混蛋！我要打理花园，你一点都不关心我。"天空对此不会有任何回应，也不会与你争论对错。"哇，兄弟，冷静点。我十天前下过雨了。而且，如果你想一下，我一下雨，植物的根部就会储存起来好多雨水，留着以后用。"天空不会屏蔽你，用手捂住耳朵，说："啦啦啦啦啦……我听不见你说话。"天空不会因此争取你的认可，说"哎呀，我感到十分抱歉。我马上为你下一场雨。"不管你怎么对它，天空都不会有任何反应；它依然广阔无边，时刻在那里。像天空一样地聆听意味着持续不间断地聆听，心胸宽广。

聆听的方式包括很多种。一种如天空那般：平静地接受。只是简单地听对方分享其遇到的挑战和烦恼，或许本身就是一种最有效的解决办法。尤其是对于女人来说，当她觉得有人听自己说话时，身体就会分泌催产素——降低身体压力——然后，她发现自己有办法解决遇到的问题，或者问题变得不再重要。当有人情绪化或者压力超大时，或者产生源源不断的奇思妙想，梦想开始在心里生根发芽时，一个成熟的男人相信那个人身上正在经历着变化。他明白，顺其自然，无须去打扰这个变化过程。他只是为其提供一个稳定而安全的空间，让其自己找到解决办法。

另一种方式是积极聆听，有很强的好奇心，问关键的问题，以使其将更多的事情告诉你。世界人际网大师伊凡・米斯纳说，一个优秀的人脉关系搭建者所拥有的是一双耳朵和一张嘴，并恰到好处地运用它们。“我需要不断为之努力，并且继续为之努力。尤其是当我的确对某个话题有自己的看法时。如果有人遇到麻烦来找我时，三十秒内我便能分析出问题是什么，并且觉得自己有解决办法。我需要告诉他们。但是如果你还没听懂他们所说的就开始告诉他们应该怎么做，他们会觉得你没有在听他们说话，他们也不会想听你的回答。同样的问题，你可能听一百个人说过。但是只有让对方觉得自己被你倾听，你才能告诉他们你的建议和想法。所以，一个成熟的男人口耳并用，并且使用比例是二比一。我还在为之努力。”

深度倾听

一个男人可以在表面上或者深层次地聆听。深度倾听意味着方方面面地聆听，包括对方说的每一句话和言外之意。

意思是，听对方说的话以及字里行间透露出来的感情，揣度这个人的性情和心情。

如下是一个极其简单而浅显易懂的例子。你去伴侣家里参加家庭聚会。当你到达时，发现妈妈已经准备得差不多了。

“还差什么没准备吗？”你问道。

“哎呀，我一个人已经准备得大概齐了。如果你在一个小时前这么问就好了。现在你想做什么就做什么吧。”如果你只是听到这些话的表面意思，你可能会这样回答她：“好的，太好了，妈妈。如果你觉得无所谓，我就什么都不做了，喝一杯咖啡放松一下。”但是任何人可能都知道，话语不代表一切，它并不能传达她的言外之意。其实她想说的是，她对你感到不满，觉得自己被抛弃或者感到沮丧。她已经放弃了和你做准备的念头。

深度倾听意味着要听出她觉得自己不被支持这一层的意思，甚至深度倾听还意味着要意识到她不会求人。或许可以伸出双手拥抱她，在内心安静地对她的感受致以同情，然后再环顾四周，寻找一些你可以帮上忙的事情做。

这一明摆着的例子男人绝对不想错过。一天之内，我们都会面对非常难以捉摸的例子，呼吁我们去更深入地聆听，而不是只听话语的表面意思。

当我们把注意力全部放在浮光掠影式的倾听上面时，我们会变得像律师一样地咬文嚼字，而忽略了去思考对方为何这么说。当有人说“你从来不准时出现”或者“你总弄得一团糟”，深度倾听意味着不只是听到对方说的话，也要将它看作一个让内心情感具体化的机会，那就是共鸣。罗伯·阿尔比在福尔松监狱任职时从被判处无期徒刑的犯人身上领悟到这个道理：“你只需要坐下，好好听故事，听听什么样的经历让其产生这样的想法。人们想要觉得自己是个人物。我知道我可以坐在那里，听他们说话，就可以做到完全地参与其中，因为我想让他们觉得自己很重要。”

全心投入意味着你要感同身受，把自己放在对方的位置上，包括这一事实：理解他们觉得有压力而过度疲劳，或许需要帮助，并且知道如何向别人寻求帮助。意味着要换位思考，切身体会对方的感受。这就是你为何会爱上别人的原因。马克·贾夫尼说：“可以坐下来听朋友讲自己的故事是我人生的最大乐趣之一。我是一个专业的谈话者；我是导师。但是当我深度聆听时，我爱上了它。我很忘我。我唯一注意到的人就是对方，并且是真的看着他们。当我如此这般聆听时，对方开始手舞足蹈地说起来，他们变成一团透明的火焰，将一切衬托得五彩缤纷。我越是深入地聆听，我的内心就会越平静。最好的办法就是聆听；聆听就是我掌握的秘诀。”

深度聆听可以浓缩成精辟的三句话。你不需要把这三句话大声地说出来，你可以通过自己的方式让别人领会到你想表达的意思。

我就在这里。

第一句话是你在场的一种传达方式。它是通过在你自己身体里这种方式传达出来的。“感受一下：我在你身边陪你。”

让我知道得更多。

第二句话是你表现好奇心的一种传达方式。它会传达出你有强烈的求知欲。“帮助我更好地理解这一点。”

我来搞定这件事。

第三句话是你采取行动的一种传达方式。再说一次，这不需要你付诸语言，甚至不需要你立即采取什么行动。这是一种性格。想想坐落在意大利佛罗伦萨的米开朗琪罗的雕像作品《大卫》。他在挑战歌利亚，他并不示弱。米开朗琪罗恰好捕捉到了这一时刻。大卫手拿石块，明白自己可以打倒巨人歌利亚。他泰然自若，自信沉着。他全身上下每个细胞都在说“我可以做到，我来搞定它”。

哪些因素阻碍着我们

如下是一些我们无意识的行为习惯，这些习惯遗传自我们的先祖，并且有可能成为深度倾听路上的拦路虎。再重复一遍，绝对没有必要与之抗争。正念才是关键所在。

辩护律师丹尼斯

因为我们与生俱来的男子气概更倾向于逻辑和分析，所以我们很容易陷入交互讯问的处境。当你的伴侣对你说“你从来不花时间陪陪孩子”，而不是听她表达自己的失落感、被抛弃之感和她的忧愁，男人很容易就会这样回答：“哎呀，所以你觉得我‘从来不’陪孩子玩，是吗？我帮你好好地想一想。5月18日16：12到18：32，我带着孩子和查克去打保龄球了。这算是陪孩子玩了吧，所以你说‘从来不’是不准确的。本人对案情陈述完毕。”

辩护律师坚持开庭审理案件，这就意味着两人必然要大吵一架。他列举的论点越多，另一边的辩护律师便越是龙飞凤舞地一一记下，然后再逐个反驳论点。审理可能持续数天甚至数周的时间。问题的关键是不要把她的话理解为攻击，而要理解她的所感所想。如果我们排演一场抗辩时，我们就不能做到深度倾听。

想做到深度倾听，有两个方面需要注意。其一，要意识到，她正在向你描述她的感受，并且试图通过故事加以诠释。即使故事情节不够准确或被夸大，但她一想到当时的画面，仍然能想到自己是怎么做的。其二，从她对你说的只言片语里找到真相。然后你可以说："你是对的。过去这几周我实在忙得焦头烂额，想多陪陪孩子，但是力不从心。我打算这个周末好好弥补弥补。"

处理问题的菲尔

睾丸素水平较高可以提升男人的反应能力，使其更善于找到问题的解决办法，并付诸行动。如果某人说自己遇到了某种问题或我们自己发现一个问题，我们自然想要解决它。我们都是同一类人。如果某个男人告诉我们他的生活遇到了什么麻烦，我们大家一定会帮他想办法。然后那个男人会把我们的反馈整理综合一下，看哪些办法可行，哪些不可行。他对自己需要采取什么行动和怎样绕开弯路心知肚明。一旦有了正确的做法，他的大脑就会分泌多巴胺，他自己因此而安心了。

对于女人们而言，事情并非如此。她们更倾向于一起讨论外在处境的主观经验。其他女人或许会问："然后呢，他怎么说？你是怎么跟他说的？你是怎么想的呢？"这是一个感情移入过程，借此印证所想所感，分泌出催产素。她回归内心，她凭直觉知道自己要做什么。

当一个女人谈论问题时，男人会误以为她在寻求解决办法。他以为她已经自行尝试了各种办法，她没有能力独立地解决这个问题。当然，女人们常常会觉得我们看低了她，因为我们误解了她，认为她一个人应付不来。她表达的感受太过强烈，也导致我们以为问题很严重，她迫切希望找到解决办法。

多面手麦克

作为男人，我们的能力是搜集事实资料并且之后能一字不差地转述出来，而与此同时，我们的注意力会不集中，容易被其他的事情分散。例如，当有人对你说这一天过得怎么样时，实际上你可以一边听，复述重点事实，一边查收邮件或者发发短信。一边听别人说话一边收集信息，不可与深度倾听每一个人的情况同日而语。

大家长皮特

就在几代以前，家里的老老小小一起生活，男人是一家之长，他说的永远都是对的。他的权威和做出的决定不容置疑。如今，即使在一个非常成熟的男人身上仍然带着大家长的影子。

约翰说：我记得结婚差不多一年的时候发生在我们家的一件小事，虽说是小事，但是对于我却至关重要。我们一起在外面散步。我看到山谷里冒出缕缕青烟，我对邦妮说：“烟是从那所房子里冒出来的。”

她说：“不，是从那边的田野里冒出来的。”我非常肯定我是对的。我认为她犯糊涂了，有点神经错乱。当我们走近一点时，我发现她才是正确的。我说错了。就是在我们散步的当时，我能感觉到我的大脑做出了调整：“好吧，你要知道，当你确信自己没错的时候，并不意味着你就是正确的。”后来，我不再那么自信我对事情的看法总是正确的，但是我却从中获益匪浅，它教会了我如何倾听。

平等的爱德华

因为如今男人和女人同样都要工作，都要挣钱养家，照顾孩子，做饭，还要做许多其他的事情，所以，我们自然地以为我们应该实现彻底的平等。我们想当然地认为在谈论感情和倾听上也应该如此：男人和女人应该拥有等同的时间。但事实上，我们都已经意识到，女人从谈论感情中获益良多，男人可以从耐心的倾听中获益。

约翰说：结婚几年后，我在米尔谷进行成功的治疗实践。我对自己做的事情非常拿手，因为我学会了倾听和提问，有求知欲，不再急于提供解决办法。有一天，我下班回家。我决定给予妻子百分之百的关心，就像白天我跟客户在一起时那样。

当我进门时，邦妮的心情并不怎么好，她对我抱怨连连。所以，我对她表现出好奇心和兴趣，我全心投入地倾听，一边听一边提问题。她没有丝毫的戒备。然而，对于她的每一个抱怨，我在头脑里想着如何替自己辩护。对于她的每一声埋怨，我都想反驳。如果她说：“你到家晚了。”我心里会想“上周四你也回来晚了，可是我当时什么都没说”。十五分钟之内，她足足抱怨了二十件事，而我的反抱怨加起来足有三十条那么多。我感到很心烦。所以我问她：“你觉得自己被充分地倾听了吗？”她的回答是肯定的。我继续问道：“现在方便我跟你说说我的感受吗？”在我听她说了这么久之后，我期待她做出义不容辞地听我诉说的反应。

“不，现在不算是个好时机。”她说。这让我的抱怨名单上又多了一项。

所以，告诉自己保持冷静，我问她：“什么时候才是好时机？”我的表现堪称完美，但是我已经准备好——像一名律师——进行逐条的反驳。我想要指出，她所抱怨的那些真的不算什么，我这儿还有更好的。那将会在我的头脑里产生共鸣。

“我不知道，”她说道，“现在，我只想沐浴在你的爱河里。”此时我变得非常迷茫。这个女人已经对我提出了二十个投诉，而现在又想沐浴在我的爱河里了？如果她对我如此地牢骚满腹，她又怎么会觉得被爱呢？

她继续说道：“我马上用鸡肉和豌豆做些好吃的给你，然后再做一个土豆泥。”她知道我最爱吃这些。当她忙着做晚饭时，这场景就像一部迪士尼影片，尽管没有小蓝知更鸟在她的头上飞。当她唱歌时，我问自己：“发生了什么事？我太太在说完这些话后，变成‘欢乐满人间’了吗？”我不知如何是好。但是，我等待的时间越长，越是发现我内心的紧张感在慢慢散去。我不再觉得心烦意乱。

那个晚上，我爬上床，蜷着身体准备睡觉。我仍然觉得有所戒备。但是我看见她走到衣柜那儿，从里面拿出一些迷人的内衣穿在身上。我知道她在暗示什么。她在抱怨了这么多之后，怎么可能还想和我做爱呢？我甚是纳闷。但是，我不想说“不”，也绝对说不出口。那晚，我们享受了美妙的云雨之乐。我们一同睡去。

第二天早晨，她蜷缩着躺在我旁边，说：“约翰，现在是你与我分享感受的好时机。你想和我说什么？”令我惊讶的是，我没什么可说的。所有的抱怨都已消失。

那一天，我领悟到一个道理：与她对着干只会让事情变得更糟糕。

听她谈论自己的感受，不与她争论或维护自己，她的牢骚就会自行告退。她的心门会再次向我打开。我意识到，我其实并没有想让她听我诉说的需求。

许多夫妻坚持针锋相对：同样的分享和倾听时间。它的效果可能非常有限，但是要记住——作为一个男人——与分享你自己的感受相比，深度倾听更能让你体会到持久的满足感和获得感。

如何实践

没有意义的倾听

有时你可以独自走近大自然或者坐在屋后，聆听周围的声音。听一听鸟叫，听一听车水马龙的声音，听一听树林中风的声音。当你留意每一个声音时，温柔地提醒自己它没有任何含义，只是声音而已。每一种声音都没有好坏之分。当你练习有意识的倾听时，抛开任何寻求意义或判断好坏的执念，让你从这一经历中获得更加深刻的认识。这种认识并非从自己的想法或信念中萌发出来的。更确切地说，这种认识是生命的内在需求，让你看到生命更加深远的意义。然后一整天，你会更加专注于倾听。每天独自练习五到十分钟，提升你的倾听能力。

打开心量 放下自我

无论何时你发现自己与某人将要发生冲突时，你执着于事实真相，想要证明自己是对的，你可以问自己一个重要的问题："这一刻，我是愿意证明自己是对的呢，还是愿意做正确的事情，在我们之间建立默契呢？"一般来说，当你与别人发生轻微冲突或者稍有分歧时，你会发现胸口有痉挛之感。当你按照这种方法练习得越多，你会越频繁地告诉自己这种紧绷的感觉是一个开关，并问自己这样一个问题："我是选择证明自己是对的呢，还是选择告诉别人我在左右为难呢？"大多时候，你不可能一举两得。你需要选择。

此时此刻

这是一种简单又有效的实践练习，可以快速地锻炼你的深度倾听能力和随时保持"时下"在状态。你可以与一个知心的伴侣或者朋友一起做这个练习。十分钟足够了。这个练习不是用来解决问题的：如果能同时达到解决问题的目的的话，它是你每天都会花一点点时间去做的事情。

如下是练习说明：

搭档A：拿出五分钟的时间，评论你这一时刻的体验。说一说你听到的，看到的以及身体所感。如果你想到了什么，把它称作你的一个想法。当心，分清你的真实体验与体验评价。例如，"我看到你有一双漂亮迷人的眼睛。"这句话应当改为："我看到了你的眼睛，我的想法是它们非常漂亮迷人。"

以下具体地举例说明：

我可以感受到吸入的气息进入胸腔。

当我看着你的眼睛时，我发现它们是蓝灰色的。

我可以听到窗外鸟儿的鸣叫。

我想起昨天你听了音乐，你差点听哭。

此时此刻，我留意到我的气息变得更浅了。

我可以感到双脚站在地面上。

搭档B：你的工作就是如天空般地聆听，正如前面我们讲过的。只需要倾听，不要被外界打断或者在头脑中产生任何看法。练习深度倾听。

坚持五分钟，然后转换。

重要的是要知道，这个实践练习对于我们擅长逻辑思维的大脑而言丝毫没有吸引力，因为它并不旨在解决眼下的问题。同样地，如果你每天去健身房练习举重，因为你不是出于需要提举实际物品，所以这并没有实际用处。你会把哑铃照常放回原处。但是如果你坚持定期去健身房锻炼，几周以后，你感到身体变强壮了，你可以在家搬运更重的物件了。学习如实反映此时的体会和学习深度倾听同样不会有立竿见影的效用，但是它们却能提升你的内在力量，让你终生受用。

金星的谈话

你与伴侣可以商量商量，找一天一起坐着待10分钟。她可以畅所欲言，谈谈自己的感受，而你只是听。不必对换角色：你们有意识地分化成男性能量和女性能量，并因此对伴侣产生更深刻的认识与理解。当她毫无顾忌地谈论白天里自己的感受时，她会分泌催产素，从而缓解压力，让她再次容光焕发。身为男人，当你不再着眼于处理问题或做出改善或改变而只是练习深度倾听时，你身上的男性气质得以进一步的强化。这将使你与伴侣之间的两极化扩大，你们感情关系中的吸引力变强。

在金星的谈话中，你可以只是用耳朵听，或者你也可以提问题，鼓励她多谈一些自己的感受。显示出自己的兴趣：“多告诉我一些……我想对此有更好的理解……你觉得怎么样？”假设你的伴侣来自另一个星球，并且如果你是她，你不知道会是什么样。

当你在官能的原则中练习倾听时，你可以记着问些问题，提醒她白天可能产生的一些不同感受。你觉得今天什么事令你感到受挫？什么事令你失望？你在担心和惧怕什么？什么事令你难堪？当然，你不应循规蹈矩地练习；那样会让人觉得怪异。只需在脑海中知道，它们是平日里积累起来的四种感受。然后，你也可以好奇地问：“你的愿望是什么？”“你想从当时的处境中获得什么？”“你欣赏什么？”“今天有什么值得高兴的事情？”

给成熟男性身旁的女性

我们经常可以见到，当女人可以随便谈论自己的感受，伴侣认真听她诉说时，她会更放松，自己获得的爱更多一点，与人更有默契。对于男人而言，深度倾听并非一项简单而自发的行为。男人们受到各种条件的制约——有些要追溯到几千年前——如神经系统，生物化学，社会环境影响等，使其想要退避，将一切纠缠挡在外面。所以大多数男人可以获得些微帮助。

告诉他你想要什么

不像女人，男人更容易照字面意思去做，在直觉方面也不会预料到对方的需求。当你遇到困难，想要请男人帮忙时——或者任何事情——与女人间委婉地提出帮忙请求不同，你可以明确地告诉男人你想让他干什么。

你给男人一个可以帮得上忙或者可以完成的任务，没有比这更好的礼物了。男人通过行动建立联结。当一件事情告一段落时，他的自我感觉会非常好，这激励他为你做得更多。如果那是一件能令你更加快乐的事情时尤其如此。但是他首先需要知道什么事情能为你带来改变。

约翰说：几年以前，邦妮和我在位于旧金山北部、只有几小时车程的大农场里干活。农场里有几处房屋，我把两名工人叫到跟前，告诉他们做哪些工作。邦妮从房子里走出来——约30码那么远——提着三个看上去很沉的袋子。她笑容灿烂地叫我们，说："嘿，你们好！"我们都回头看向她——笑容满面——大喊一声："嘿，邦妮！"然后我们扭头回到刚才被打断的交谈中。她停下来说："你们不过来帮忙吗？"我们三个立马跑过去帮忙。但是作为男人，我们没有提供帮忙的意识，除非她提出来。一般而言，如果一个男人不开口，那意味着他并不想要别人帮忙，所以他假定你也属于这种情况。

谈一谈你的感受

对于许多男人来说，学会深度倾听并非一朝一夕的事情。我们都不是一开始就掌握高超的倾听技巧。培养倾听技巧需要时间。即使到了今天，我们偶尔还是会出错，思维再次退步到解决问题或者为自己辩护上来。幸运的是，我们的太太都非常地有耐心，而且非常地善解人意，一直以来，她们不仅协助我们做辅导工作，而且还提醒我们在某些方面多加注意。

如果你愿意，并且爱人对此也很赞赏的话，你可以按照如下的方法鼓励他成为一名奥林匹克倾听者。

看看你是否可以养成习惯，每天花几分钟的时间分享彼此的感受，而不是让负面情绪日积月累，直到你感到深深的挫败感，最后只能爆发出来。抽出几分钟时间谈谈你一天过得怎么样，你对此有何感受，通过你的眼睛看世界是种什么样的体验。给他一个机会练习深度倾听。我们称之为一次金星的谈话。每个人都是赢家。能不必顾忌地谈论自己的感受将有助于你分泌催产素，缓解你的压力，让爱洋溢于你的心间。如天空般的倾听，会带给他宁静的心态，让他心胸宽广，与自己紧密联系在一起。当你心情不快时，为你们两人打下了良好的基础。约翰说：当我们结束交谈时，邦妮常说："把所有这些与你一起分享，感觉真好。让我觉得你真的与我同在。"然后她拉近我，并与我紧紧相拥。这让我期待在下一次做更深层次地倾听。

你也可以通过认识到难度梯度的合理性而鼓励男人学习倾听。当然，让任何人在吵架过程中或者当其情绪非常激动时做出自我改变几乎是不可能的，所以当你和伴侣一起练习时，认识到这些障碍的存在会非常有帮助。

容易。低栏会是："我觉得难过/生气/气馁/泄气，而且是无缘无故地；我就是这样觉得的。"女人们经常这么说，几乎没有任何一个男人没有听到过，他很可能会立即非常同情你，并且想要来到你身边陪陪你。

中等难度。中栏会是："今天工作中的事情让我很生气。"这有一点难度，因为这会触发他"处理问题的菲尔"的身份。他一听你的感受是由外因引起的，他就倾向于把注意力放在如何解决问题上，对于你的感受缺乏同情。

难。对于大多数男人，当你把原因归咎于他时，让他同情你并且听你诉苦实在是太难了。“我觉得特别气馁，你从来不收拾厨房，你总是回来得这么晚，我就指望不上你，因为你太怂啦。”对于一个立志要成为一个深度倾听者的好男人来说，这是一个高级课程。远甚于女人，男人的防御心理比较强，想要与你争论出一个是非因果。

当你练习谈论感受和倾听时，你可以通过提醒，让他对你说的话有个缓冲：“你啥都别说也别做。我就是想要与你分享我的感受，以便让你知道发生了什么事。然后，我觉得我的心离你更近了。”

女性特质决定了我们渴望心心相印、包容，每个人都各有所得。所以，如果你能利用几分钟时间分享自己的感受，他应该也这样做，似乎这样做了对你来说才算公平，但是反过来却并非如此。有时候，要人们承认这一点实在太难。如果他也想要分享自己的感受，如果恰好你也想听，这样会让你们感到彼此更加亲密，但是真的没必要这样。如果换作你来分享自己的感受，然后他只是听，而你们并不用对换角色，这样也很好。这会让你们之间的两极化愈加明显，使双方之间的电流和吸引力更强。

熟男手记

杰克·坎菲尔德，畅销书《吸引力法则》作者

我们在研究院的时候上过倾听课，但是我在人际关系中仍然不擅长倾听。我擅长的是解决问题，帮助他人。直到我读到那本《男人来自火星，女人来自金星》，我才知道女人并不想要解决问题，她们并不想要解决方案，她们需要被倾听。这让我深有感触，我开始学着说“还有呢？”而且我是真心实意地想知道更多。在读完这本书不久，我和我妹妹聊过一次天，她一直不停地说。而我说：“还有呢？我还想知道更多。”聊天结束后她告诉我：“这是有史以来最棒的聊天。”

我曾参加过一次国际演讲者协会举办的论坛，名字叫作CSP（Certified Speaking Professional①）。人们发表演讲后，都会参加鸡尾酒派对。我第一次去参加大会的时候忍不住想：这些人真的很优秀，个个都是人中龙凤。我见了很多人，还和最棒的演讲者握了手。然后我遇到了一个退伍军人，他现在是一家银行的行长。他见我的第一面就问：“你是CSP的新成员吧？”我回答说是，他又问了我的名字，我告诉他之后，他“采访”了我一个小时。甚至直到一小时后我都没机会向他提问。我觉得他是这个世界上最棒的人了。我很爱他，他给我树立了一个很好的榜样：倾听，且要带着兴趣倾听。

我妻子最近看书时发现了一个问题，然后她问我：“你是想要成为一个有趣的人，还是想要成为一个对事物感兴趣的人？”如果你更专注于对事物感兴趣而不是做个有趣的人，那么人际关系会更好。倾听很重要。我当过几年治疗师，这一职业告诉我你必须倾听。指导过程中有些人解决了自己的问题。问一系列问题可能会引发他们去思考，去探索，并自己找到问题的答案。然后他们会对解决措施更感兴趣。我跟儿子女儿的关系也是如此。我会倾听。我要问的就是“今天怎么样呀？”

---

① 专业认证演讲。

我曾和一个叫比利·沙克的人一起为斯通基金会的高层工作。他很聪明，至少是我见过的最聪明的人之一。我们有一天请了一位顾问，比利让几个员工保持安静，注意倾听。我们都是二十出头的年纪。比利不停地问顾问问题，一个接一个，问完之后他自己就专心倾听。大约两小时后，顾问离开了。我说："除了问问题，你什么都没说。"比利说："我已经知道我掌握的内容了，但我想知道他知道什么。这也是我主要想学的。我说话的时候并不能学到很多，但是听得越多，学得越多。"

Chapter 5
第　五　章
成熟，意味着拥吻伤痛

当你未曾意识到自己戴着过去的镣铐时，你将继续像戴着镣铐一样地生活。如果妈妈在家里一顿狂风暴雨，你被吓坏了，然后你学会了关上自我世界的大门，在那里僵住，开启自我保护模式。后来，一旦你的妻子或者同事情绪表达失控，你会本能地僵住，约束自己的表达自由。一个面对强烈情绪表达而僵住或自我孤立的男人会变得懦弱和害怕。

我们身上不仅留有过去的感情印迹，而且还从父母那里学习如何对待感情。你的妈妈或者爸爸或许告诉过你，“你不应该觉得……男子汉大丈夫不能哭……乖男孩不会攻击别人……或者充满报复心。健康快乐的男孩不会情绪化……”同样地，或许爸爸或者妈妈试图不想让你有某种感受：“别哭，我给你买一个冰激凌吃。”不管怎样，大多数男人其实并没有明白，当他们想不通自己想要什么，觉得难过、沮丧、愤怒或者失望时，那些痛苦的感受很快就会过去。它们犹如昙花一现，匆匆地来，然后再匆匆而去。

一个对自己的感受变得麻木的男人，久而久之，必然会对别人没有同情心。没受过伤的人，感受不到锥心的疼，所以往往会选择去伤害别人。当一个男人不明白自己的感受为何时，他往往会去弱化它，嘲弄它，然后把它放下，以行动为导向地寻找解决办法，而不是纯粹地去体会这一感受，然后放任它离开。他越是察觉不到自己的痛苦，要他体会另一个人的痛苦越难。他想要快快地远离这一切。

如今，与几十年前相比，男人和女人的角色定位变得模糊起来，从而使男人面临着比女人更严峻的挑战。当女人身处压力中时，研究表明，流向感情中枢的血液流量是没有压力时的八倍。与男人相比，女人的大脑边缘系统面积更大，所以她在体会情绪和表达情绪方面的能力更强。

由于男人的感受力有限，他往往还会去弱化或者嘲弄伴侣的感受。这很容易地就会展开一场互不信任的拉锯战。女人一发现自己的情绪表达不受男人欢迎，她就会对他失去信任感，继而变得爱指责他。然后，为了自我辩护，男人会报之以批评，跟女人顶嘴。她认为你是在变本加厉地否定她的感受，她越是指责你，你的防御心理越重。这是男女之间大多数矛盾发生的根源：他们不信任彼此而互相拱火。

男人一开始学习如何认清自身的感受，学习如何看待它并且能熟练地去跟别人交流自身感受，他就打破了循环。基于逻辑判断，你会采取行动或者为自己辩护，而你的感受力让你发现没有行动或者辩护的必要。被责难时，你会产生一种转瞬即逝的心灰意冷之感，每当这时，你可以深呼吸，然后缓缓地呼出。没必要去否定对方的感受。你可以倾听并且照单全收。持续短短的几分钟，然后两人相视一笑，很快化干戈为玉帛，而不是持续长达数小时或数天之久的痛苦冷战。当你迈出第一步，开始学习如何去感受时，痛苦成为做出改变的动力，这成了一个良性循环。你感受到的越多，你越能从痛苦中清醒地认识到需要在生活中做出哪些改变，你越有能力在生活中求取平衡，继而你需要面对的痛苦就越少。听上去不错？的确如此。继续往下读……

每一个男人都是有感情的，如惭愧、屈辱、愤怒、柔情和怜悯。男人之间的主要区别不是我们每一个各自感受到了什么，而是我们接纳这种感受的能力以及让所有人都能接受的方式表达出来的能力。每一个男人，不管是有意识地还是无意识地，都想要将痛苦的心情表达出来，然后得以从这种感受中走出来。如果他不懂自己感受到了什么和如何进行感情沟通，那么他会以迂回的方式达到目的。这就是“让你看看这种感觉多么糟糕”原则。如果某个人让他丢脸，他会原封不动地返还回去，像是在说：“看吧，让你也尝尝这种痛苦的滋味儿。”但是，报复一般无益，不但无法达到通过感同身受和沟通交流排解痛苦的效果，还可能导致矛盾升级。

金星火星大不同——男女思维方式差异

对待情感的方式分为男性化方式和女性化方式。一个成熟的男人可以娴熟地在两种方式之间转换，并在两者中间找到平衡，选择最适合自己的处理方式。

女性化的对待情感方式某种程度上类似冲浪。你随它动。女人生气或难过时，她倾向于轻易地失去理智，受当时的心情任意摆布。她越是没有任何顾忌地如此，越能回归本心：就像一叶扁舟驶入一片汪洋大海，再次感受到爱的拥抱。只要没人出来劝阻她，在某种程度上否定她的感受，那么所有的感受都会变成一个通道，之后她又能感受到满满的爱。

另一方面，男性化的对待情感的方式是拥有一个较大的空间，在那里，痛苦的感受得以出现、通过及再次消散。存在感和空间感往往稍大于时下的感受。

当信念和身份让你觉得自己非常狭隘、渺小和受束缚时，任何强烈的感觉——自己本身或者对于别人——将使你因恐慌而陷入一种自我保护状态。越是通过不断地独处，与内心建立紧密的联系，你越会感到宇宙的浩大无垠，当情绪涌上心头时（就像大海中的一朵浪花），你认知情感的能力就会越强。

如果一个男人老是跟着感觉走（这对于女人更合适一些）时，他会迷失自己，变得迷茫和不自信。如果他总是冷眼旁观，他可能会失去热情，变得善于分析和麻木不仁。当一个男人拒绝承认或否定自己痛苦时，他一般会变得孤立而暮气沉沉。如果你感受不到生气或者悲伤，意味着同时你也感受不到欢乐或者兴奋，你失去一切感觉。

他需要找到一个平衡点，以判断这两种情感对待方式哪一种更适合自己。

一个成熟的男人心里很清楚，女人表达自我内心感受的需求更加强烈。对于紧张情绪，女人需要真切地感受它，充分地表达它，在它的引领下再次感受到爱的温暖，紧张感在这个过程中得到释放。但是，男人的方式却又另当别论。当男人处于紧张情绪中时，他会融入当下，在这种紧张情绪周围留出足够的空间，弄清这种情绪释放出何种信号，基于自己的分析和认识采取合适的行动，从而恢复情感平衡。

融入痛苦的感受或防御反应有两大清晰可见且相辅相成的好处，第一个就是：你对内心感受认识水平地提升使你也能同情他人的感受，有了这种同理心的铺垫，问题的解决办法自然而然地就会出现。第二个就是：当你不再做出那么大反应时，你可以保持思路清晰，从而找到最佳的解决方案。

你的痛我感同身受

当你与情绪保持一定距离时，你不仅能清楚地识别自身的感受，而且还能与别人产生共鸣。这既不是按照老样子地压抑感情，表现得勇敢坚强，也并不意味着变得情绪化，随意地表达所感所想。例如，当一个成熟的男人面对指责时，他学会了——通过实践——体会外部事件，感受自己对此的反应，然后注定还是会做正确的事。

我在这儿，回来了，打开房子的正门。这是我的妻子，这是我的孩子们。她说我今天回家晚了。哎呀，她说我总是回来得这么晚。我觉得我胸口发紧。看上去我有点受伤。一个想法速度飞快地进入我的脑海里，怂恿着我与她争论。它想说："我哪有。最多只有27%的时间会回来得这么晚。"我看着她挫败的眼神。我的胸口有种柔软的感情。我伸出手抱住她。我的妻子轻声地哭泣。我低头吻她。

观察外界事物的同时，还不忽视对内心情感的观察的这种能力，让你可以腾出时间做对每个人都有好处的事情。这就是"我很生气"和将生气看作一种一闪即过的感情去体验两者之间的区别。

当你和某人生气时，如果你能先感受一下自己的反应程度，并且清楚地知道自己所说的情况，你就可以对对方的感受具有敏感的认知能力。你的报复动机或过度反应不复存在，因为这时的你已能将心比心地为对方着想。因为神经反应被弱化，你的身体可以稍微倾斜，体会一下对方的处境，并试着发现对方正在经历着什么。若你能先听听自己内心的感受，那么你也可以听到对方的感受。

不必再将所有事情变成行动，同时不必怕它们再次出现。你不必庸人自扰地想要摆脱天空中的云朵，不必再在“负面感受”中挣扎。你可以看着它们，它们终将过去。那些可以轻易地伤及生命，把我们拖入无尽戏剧性事件的情绪反应，最终无异于虚张声势。

痛苦之启示

常常发生这样的事：一旦我们能够以这样的方式与内心的感受拉开距离时，我们自然而然地就能意识到隐藏在事情背后的真相。约翰说：有时候，我太太会向我抱怨。她觉得家里的活儿我做得不够多。然后我想要退避。当我避开她之后，我问自己：“我为什么要走开呢？”那是因为我感到痛苦。“我感受到的痛苦是什么样的呢？”很快，我发现有一个故事隐藏在那里，无论我说或做什么都很难让她喜欢，只是因为她对此有了表态。我有表示怀疑和查究真相的机会。那真的表示她不心存感激吗？或者，是否只是意味着她今天心情不太好？这给了我一个不往心里去的理由。当我不够明确自己的情感时，我常常一次要退避好几天。现在，我可以立即对此表示怀疑，改变我对它的认识，几乎立刻地自我修复，再次与自己建立联系。如果我可以感受到自己的痛苦，我就可以对她刚刚说过的话的理解表示怀疑，我可以问自己这种理解与真相是否一致。能感受到自己的痛苦不仅意味着你不必做出反应，同时还意味着你可以对事情做出有利于自己的诠释，从而在今后的生活中不会再度感受这种痛苦。我们可以选择不去想让自己痛苦的事情。

男人的情感体验能力恢复得越多，他体验更深层次情感的能力就越强——深刻体会现时的感受，而不是过去的烙印。每个人都能做到与自己的灵魂沟通，无须用言语。你的灵魂就是你的良知所在。它告诉你善恶之道和前进的方向，它告诉你什么事情可以做，什么事情不可以做。当你或者你周围的环境偏离正轨时，你会知道，因为当意外情况发生时，情感系统会发出报警信号。痛苦情绪会告诉你发生了什么状况。全面体验情感而不产生反应的能力使你重新与自身直觉，即你内心的指南针，建立紧密的联系，指引着你一路向北。

? 哪些因素阻碍着我们

如下分别代表着不同的你，有些可能被锁在地下室，阻碍着你的感受痛苦和放下的实践。

逃避的亚瑟

最原始地，男人最大的动机就是无论如何也不要经历痛苦。过去，男人为达到远离痛苦的目的，往往无所不用其极，他们会借助鸦片、酒精、大麻、糜乱的性生活、胡思乱想等麻痹自己。任何强制性活动都会上瘾，根本原因乃是出于免受痛苦的本能。一个良好的开端就是记笔记，为自己避免痛苦的方式编一个目录。你越是能把这些落到纸上并加以辨别，它们对你的影响就越小。我们有如下建议供你参考，但是你只能把这当作跳板，你要探索出何种威力让我们失去耀眼的光芒。

1. 争论，胡思乱想，非要证明自己是对的不可
2. 酒精和其他容易上瘾的东西
3. 干扰：看电视或者上网
4. 工作狂
5. 极限运动或危险的处境

现在你动手填写一份自己的清单。

否定的维克托

作为男人，我们本能地认为没有理由与内心的感受挂钩：这既没用，也没意义或者价值。在男人的原始大脑中，当面临危险时，他的第一反应就是或挺身而战或三十六计走为上策。当他预料到会有痛苦的事情发生时，他会产生同样的反应。这是生活在古代的男人在打猎中遇到危险时最聪明的反应。当你的内心不再产生任何感受时，无异于自我灭亡。这是因为，生活在古时社会结构中的女人，由于她与男人扮演着完全不同的角色，所以她面对痛苦的第一反应往往是“我要说与另一个人听”。她的第一反应就是表达。

直到今天，男人常常将女性化的多愁善感视为软弱。“男子汉大丈夫不许哭。”成为成熟男人的关键就是，觉察自己多愁善感女性化的一

面，但是你不能让它反客为主地支配你的生活。通过提升情绪认知能力，冷静分析并作出最佳的选择，使得你身上的女性化一面撑起男子气概的那一面。只有觉察到自身情绪，你才能融入状态，认识到自己并不需要采取行动。这些情绪最终会消散，激发出你人性的另一面：你可以变得更加敏感，更加懂得体贴别人，更加富于同情心。

脱口而出的巴特

正如男人否定自己的情绪这种自我破坏，如果我们不创造一个超大的容器容纳各种情绪，那么我们也会因失去情绪认知而迷失自己。为了让男人学会充分体会情绪变化而不将其外表化，他必须找到一种体验方法，在这种方法中，他可以充分感受情绪而不会产生受威胁或无法自拔之感。我们将与你分享一些提升情绪感知能力的实践，在这些实践中，我们将使你的情绪体验更有空间感。

如果你对培养状态感到一头雾水，或许在没弄清自己的情绪是什么之前，已经觉得不吐不快。这跟早泄有点像。你需要多锻炼控制能量的持久力，以便这种能量在恰当的时间，以正确的方式得以释放。

无实体的戴夫

以没有过大的情绪反应，也没有陷于戏剧化情节中为前提，感受情绪的方法就是全身上下的每一个细胞都感受一遍这种情绪。如今，男人经常在电脑前一坐就是数小时，过着缺乏锻炼的生活。最后的结果是，你越来越心如止水，不再遭受痛苦和往事的折磨，直至进入实实在在的、令人欣慰的当下现实中。这里就是肉体所处的世界。如果你静坐常思，你或许需要想方设法地多动一动身体，做呼吸运动，变得活力四射。

如何实践

当我们自身有意识的男性气质愈加成熟，我们会发现，只需保持在状态，就可以把痛苦转化成快乐。只是控制它而不反抗它，就可消除负面情绪的负荷。一个学会忍耐身体和精神的痛苦经历的男人会变得有克制力，成为能让别人依靠的男人。

情感耐力训练

这件事情不仅非常具有现代化气息，而且也是许多古代文化启动流程的一部分。在青春期，男孩通过成人礼宣告自己成年：有时是一件极其痛苦的事情，试着感受痛苦，不指望消除它。例如，生活在密苏里河沿岸的曼丹部落，他们的成人礼仪式，或者叫 Okipa，就是当着整个部族的面，将一个木钩刺入将要成人的男孩胸口。他必须在整个痛苦过程中都要保持微笑，他必须学习如何忍受痛苦，克制痛苦。

“容忍”一词由拉丁语词根“in”和“durus”合成而来，意思是坚强。忍受痛苦可以让男人变得更加强大。他们把一根绳子绕过一根树枝，把绳子捆在木棍一端，将绳子捆在男孩胸膛下面，然后把他高高地吊起来。他一整天都被吊在半空中，全程不能喊也不能叫。如果他能从这个过程中撑过来，他就算成人了。他学会了感受痛苦，不寻求安慰，不临阵脱逃，不表达感受。他必须学会如何控制痛苦，学会正确看待痛苦以及如何忍受痛苦。以这种方式，一个男孩变成了一个男人：他领会了一件事，即无论某种感受存在多久，当他与之同在时，它早晚都会消失。如果你感到了身体的疼痛而不做任何反应，那么这种疼痛会产生内啡肽，让你体会到欣快感。

如今，许多男人对此知之甚少。孩提时期的小男孩并没学会这些。我们不断地逃避痛苦。当我们还只是小男孩时，因为没人听我们说话，没人去鼓励我们感受疼痛，所以我们漠然地对待自身的疼痛。作为一个孩子，充分感受是一件非常痛苦的事，因为我们尚且没有有意识的“在场”能力。当一个男孩感到疼痛时，如果他的父母可以抱住男孩别动，他就会获得控制自身疼痛的能力。罗伯·阿尔比告诉我们，当他在圣昆汀监狱工作时，他没在囚犯身上发现这种能力。他们没有学会如何拥抱痛苦。所以，他们要不逃避痛苦，要不把痛苦强加在别人身上。一旦你学会了感受自身情感，你知道，当你的疼痛程度上升时，你可以融入其中，体会身体的感觉，然后身体会产生内啡肽。

在为男人们上培训课程时，我们并未引导他们经历曼丹部落的Okipa成人礼。用木钩钩住十几岁的男孩的胸膛并把他们吊在半空中，这不是我们所擅长的。但是我们已经找到各种各样的方法，提高男人的痛苦忍受力，久到可以让他们化苦为乐，达到与痛苦同在的境界。关于如何培养男人的情感耐力，我们已经学习了很多。

一个很好的方法就是让身体保持一个姿势几分钟内一动不动。如今许多人正在探索着中国古代气功的奥妙。让身体摆出“树势”，保持五或者十分钟。起初会觉得难受，但经过练习忍受不舒服短短的几周后，你的内功变得更强，存在感也更强。瑜伽练习同样有此神奇的作用。

倾听，无须回应

我们建议过多个培养深度倾听技巧的实践练习。现在你可以将它们与忍受痛苦情感而不回应的能力加以整合。

当某个人让你心烦意乱时，进行同在和单纯的倾听试验。把一只手放在下腹部，进行深呼吸，感受手被微微地顶起。当你注意到痛苦的感情兴风作浪时，放下所有想法或争论，只是单单地感受它们，只把它们当作感官感受。要点：此实践切忌超过五分钟，一次最多坚持十分钟。它比你想象中更难。

来自情绪的一封信

一旦产生了情绪，花些时间独处。把心放到肚子里，放松呼吸，感受情绪带来的感觉。当你感觉到这种身体感受时，问一问自己随之而来的是何种情绪，然后动笔写下来，标记出来。

现在问自己这个问题：如果这个情绪会说话，它会说些什么呢？在这一点上，你拥有自由支配权，它是原封不动的，没人会拿出来读。如果你喜欢的话，你可以把它写在一张撕下来的纸上，然后把纸撕碎或烧掉。这时的你想做什么，知道现实中你并不会这么做？允许自己报复心重，展示自己的阴暗面，丑化自己。反正只是一封信。确保你在信中提到如下问题：

我在气什么？如果可以不计后果，我想做些什么呢？

我在为什么难过？

我在害怕什么？

我对什么事感到后悔？

这四种是平时容易被压抑的情绪。

过了几分钟之后，当你觉得自己已经随意地记下了这四种情绪状态时，包括你希望让所有幻想以何种方式展现在你的面前，你可以转而问一问自己：

我真正想要的或渴望的是什么？

然后你可以继续下一步：

什么是我所看重的？什么事情是我能够原谅的？什么能让我感受到爱？我想为什么事情道歉？

探究真相

与强烈的感情同在的另一种方式是运用你的识别能力，区分哪些是过去所留下的情感创伤，哪些是当下的真实感受。这个练习非常简单，不需要过多实践，易于理解，只需要足够大的勇气面对这些情感。如果你觉得自己一个人完成这些步骤太有挑战性，你可以和自己的小伙伴一起完成，彼此事先说好，在此过程中为对方提供适当的引导。当然，有可能不太用得着。

步骤如下：

1. 去一个没人的地方，或站定或坐下。

2. 把全身上下扫描一遍，检查一下心理层面有没有不舒服或者难过的地方。

3. 用具体的语言标出这些情绪，比如，生气、难过、沮丧或者绝望。耐心地与这些情绪待几分钟，直到你能判断出它们是自动发生的，即使脑海中并未浮现出什么故事。

4. 这些情绪又能引出什么样的故事呢？现在更进一步地，问问自己为何会这么觉得。例如，如果你觉得生气，你或许会发现，你的愤怒替你编织了一个诸如“我的妻子对不起我”之类的故事。或者，忧伤的感觉或许是源于如“没人理解我，我很孤单”之类的故事。

一旦你确定了此时情绪为你编织的故事或者向你暗示的想法，你只需问问自己“这是真的吗？”你也可以问“我可以放下这个故事吗？”

为使真相客观而千真万确，有必要得到所有人的认同。除非所有的好朋友都认为你的妻子对不起你，或能征得她本人的同意，或者是没人理解你，否则这都仅仅只是你一厢情愿的看法。

这些故事或者想法最终会水落石出，痛苦感受也会跟着自行消失。

约翰说：在我跟邦妮结婚之前，我与另一个女人朝夕相处过几年的时光。当我们拌嘴时，我会变得烦躁不安，然后摔门而出。我没有意识到自己内心的真实感受。我被“我受够了”这种意识一时冲昏了头脑。出门时，我会砰的一声把门关上，跳上车，朝着旅馆的方向驶去。到旅馆后，我稍微冷静了一点，已能控制自己。我恢复理性：“当我能睡在自己家里时，我为什么要花钱住旅馆呢？我家有一个房间没人住。”所以我驱车返回，小心翼翼地走进家门，去闲置的房间里睡觉。第二天醒来一睁眼，感觉一切如常。

当此类事情再次发生时，我照旧夺门而出，坐进车里。现在我又问自己：“我为什么要去住旅馆呢？我明知道自己不会住在那里。”所以我静静地坐在车里。待我的情绪慢慢地冷静下来，我再溜回屋里，去空房间里凑合一晚。

这一戏码不厌其烦地上演了多次，直至我走下楼梯，打开门，然后再砰的一声关上，只不过是从里面关上门的。我当时想的是："我知道自己哪儿都不会去，为什么走到外面去呢？"我只是摔摔门，让她感到难过，想要她拜托我回来而已。

然后我学会了另一步。我甚至无须被气得心烦。我可以直接告诉她："听着，这顿争吵使我心烦。我要去另外的那间屋里睡，明天我要和你谈谈。请你别跟着我。我需要一点个人空间。"结果就是这样。第二天一切如常。通过区分与判断，我学会了预料自己的内在需求，这些反应性的情绪减少了。

培养同情心

通常，一个简单的过程就能使你做到同情和原谅，让自己不再纠缠于那些剪不断理还乱的往事回忆。重复一遍，这些步骤很简单，你可以独立完成或者请朋友引导你完成。

给成熟男性身旁的女性

当男人身处痛苦中时，往往倾向于选择退避和走开。这是一种或挺身而战或转而逃走的基本反应。如果一个男人落入陷阱，他本能地会进入防御状态甚至展开攻击。所以你与丈夫发生了争吵，或者你只是感到烦闷，他想要退避，那么让他随心所欲地去做吧，不要跟着他。如果他去哪儿你追到哪儿，他会不得已地继续逃跑。为了鼓励伴侣具备有意识的男子汉气概，你最应该做的事情就是，当他需要独处时，主动地忽视他，去做一些能让自己快乐的事。对于许多女人而言，这或许是指让你对另一个女人说说自己现在的感受。当然，你会有办法让自己好受些。

我们发现，由于女人们生来就比男人更加注重以关系为导向，所以当男人退避时，她们常常想要尾随。你或许想问："怎么了？……发生了什么事吗？……我做错什么了吗？……我们谈一谈……"等他走出"洞穴"时，才是问这些问题的最佳时机。在他还没准备好出来时，任何打算拉他出洞的企图都会轻易地使他离你更远。如果你的伴侣懂得在心烦时如何寻找自我空间，同时在获得平衡、准备好再次联系你时，还知道如何走出来，请你心存感激，因为你找到了一位成熟的男人。

别惩罚他

男人退避，以静待困扰情绪散去，然后他回到伴侣的身边，她有时很生他的气，指责他伤害了她。她希望改变他，要他再也不会丢下她去退避。当然，一个好男人不会想着伤害你，同时，我们也在瞬息万变的环境中学着做一个完美男人。所以，如果以焕发活力为目的进行的短期退避被当头棒喝，以女人大发脾气甚至指责受到伤害收尾，那只会让他灰心，打消独处的念头，长期来看，这或许会让他更加渴望长时间的独处。

不要逼他谈论自己的感受。当你想让他分享内心感受时，男人很容易变得丈二和尚摸不着头脑。记住，我们的生物学机制截然不同。对你而言，把感受说出来可以帮你缓解压力，但是换作男人，事情往往并非如此。如果你告诉他这一段时间他有些孤僻，他或许会信以为真。如果你确实能与他心心相印，使他与你分享感受，尤其是他的软弱或忧伤或绝望情绪，犹如家常便饭；如果你的的确确能成功地诱使他谈论往事的羁绊，你或许觉得拉近了彼此内心的距离。但是你也或许渐渐地把他看作一个弱者，之后对他的尊重荡然无存。我与约翰经常见到此类事情的发生。如果你觉得伴侣的心底埋藏了很多心事，你可以请求或鼓励他去面对这些痛苦的情绪，甚至可以去看心理医生。以他的逻辑，如果他发现这有助于改善生活质量，他或许愿意主动采取行动。小心不要让他靠在你的肩膀上哭泣，否则你换来的或许是一位女朋友，而不是一位有魅力的男性。

当他没被难过的情绪牵着鼻子走时，要感激在相处过程中我们经历着太多变化，我们仿佛是在一所婚姻学校里的同班同学。我们认识的大多数男人都在主动地、高尚地学习着如何成为成熟而愿意付出的男人。如果你们吵架，他有机会生你的气，伤害你，或者摔门离开，或者用各种各样的方式来发泄痛苦，但是他并没有这么做时，想办法答谢他。

对于双方来说，这是一个漫长的学习过程：需要冷静时，如何退一步；与眼下的情绪和平共处以便消除；如何回到伴侣身边，分享自己的收获。如果他学会了，或者只是迈出了第一步，从而减少了争论和吵架的次数，缩短了争论和吵架所持续的时间，请告诉他你对此心存感激。敬重他所取得的成功，他将快速地成长起来，变得成熟理智，时刻陪伴在你左右。“当你心烦时，你退让了一步，反而躲出去，让彼此冷静一下，对此我很感激你。”

如果你单身，那么可以承认自己内心的情绪，在这些情绪上痴缠的男人，是能让你依靠的男人。当你越来越熟悉他时，如果他告诉你他所遇到过的一些棘手情况，比如，他觉得受委屈，受到攻击，或者指责时，他告诉你他对此的反应先是退缩，做呼吸运动，然后去感受，那么你大可放心，当你慢慢地靠近他时，他也将如此对你。易怒的男人，在受到挑战时，会与人产生对抗，会认为别人侮辱了自己，或者变得情绪化。这样的男人几乎毫无疑问地也会这样对待自己身边的伴侣。

一个没完没了谈论自己的感受的男人，他与你一起哭，或者想要与你一起处理感情问题，你或许会觉得这样的男人挺不错的：亲密无间、知心，又让你有安全感。但是，根据我们以往的经验，我们想告诉你，一旦女人知道了男人的一切，他在她眼里便失去了吸引力。同样地，在变故发生时，没有任何过多情绪反应的男人，尤其是声称自己通过某种修行超然于情绪之外的男人，很可能是一个冷漠的人，当你靠近他时，他也很冷淡，不会产生与你一样的感受。一个成熟的男人值得你敞开心扉，他能感受到自身的情绪，也能将心比心地对待另一个人，无论如何都会做正确的事。

熟男手记

比尔·考思，公益组织“人类计划”（Mankind Project）的创始人

我出生的那个年代，父母不常和孩子沟通是很正常的事。我爸爸在农场里长大，他就是那种只知道埋头干活的人。除了和他一起钓过几次鱼，我们俩一起相处的时间非常少。在当时的医学界，孩子一出生就和母亲分开了，被放在另一间屋子的摇篮里，就这样切断了母子母女之间的纽带。

我母亲深受斯波克理论的影响，不管孩子如何哭闹，坚持三个小时喂一次奶。尽管我从来没有意识到，但是我想要和母亲建立联系，却失败了，这让我痛苦不堪。

这让我产生了向女人寻求无尽慰藉的行为。我不知道如何去接纳他人的爱，所以在“花丛”中不断流连。这让我陷入了很多麻烦，因为我引诱了这些女人，最后却抛弃了她们。我刻意不让自己去感受并接受我所追求的爱。这是一种瘾，与酗酒无异，然后我的生活变得一塌糊涂。我最后意识到了这样做对女人、对自己造成的痛苦，所以停止了这一切。我当时暗暗告诉自己很长一段时间都不能和女人在一起，这种状况持续了一年多，我也在独身生活中找到了平静。

我的一个朋友跟我说：“我们建立一个男性团体吧。”我问他：“什么是男性团体呢？”他知道我在研究生院受过一些团队合作的训练。我们就这么建立了一个男性团体，把一堆男生集合在一起，教给他们一些基本的沟通技巧，并承诺在一起一段时间。一旦建立了足够的安全感，我们就可以对彼此袒露心怀。其中一个人告诉我：“你是一个好的团队领导和调解人，但是你跟自己的身体脱节了，你需要活动活动自己的身体。” 我听到这些话并不高兴，但是我听进去了，因为我知道他对我很真诚，才愿意告诉我真相。

我立即去找了个治疗师，开始了自己的治疗。在治疗的第二阶段，他要求我深入到自己的“压力状态”。他跟我演示了如何做：弓背，手放在臀部向后倾。做这个动作很不舒服，到最后，我放声大哭。

我在这个男子团体中还聊到了我的父亲。在第二次的男子团体研讨中我又谈到了我父亲，而且开始哭泣。我感受到了我之前不知道的痛苦。这是我打开心扉的第一步，也是我第一次感受到自己的伤口。

我不能骗你们说这一神奇的时刻让我所有的伤痛都愈合了。这种活动持续了好多年。我一年带领新兵训练八次，任何有关父子的话题都会勾起我的泪水。我肯定花了有几百个小时为这些与我不相关的故事哭泣。

在某些时刻，我感觉内心有所升华。十年前我遇到了佐伊，她现在是我的妻子。我当时不断向自己祈祷一切都会好起来的，果然最后也是如此。我们当时都已经很成熟了，而且这一次我终于可以放心让自己被爱。我打破了一直束缚着自己的枷锁。

Chapter 6

第 六 章

学会将愤怒转化为领导力

人在生气时做的事情，往往是最让他们感到后悔的。愤怒由大脑后部即爬虫脑激活——或战或跑反应的所在地——并且常常抑制前额皮层做出合理的决定。未曾接受过有意识的锻炼的话，当男人生气时，他很可能说或做一些不该说或做的事情。然后他才会意识到自己做了一个错误的决定。

当我们生气时，会发生什么情况？由于愤怒常常让大脑失去理性，所以我们或许会本能地做出与远古时期为求生存一样的反应，但是现如今却适得其反。危险关头，通过展现出施展武力的意愿或意图，愤怒可以吓退、掌控或者阻止敌人进攻。这说明愤怒是最原始的沟通方式。

生气是在向别人发出警告，如果他们继续某种行为，早晚让他们吃不了兜着走。如果某种行为最终没有避免发生，那么，随之而来的暴力冲突也是一种沟通方式。它所传递的信息就是“既然我已经伤害了你，报复了你，你现在明白我的感受了。所以，以后就别再冒犯我了。”（讽刺的是，对于生活在原始社会的男人而言，他企图通过暴力与他人分享自己的感受。）

原始愤怒情绪不仅是男人的一种自我保护方式，而且还是他利用威力逼迫维护控制权的一种办法。我们都在黑帮电影中看到过这样的画面：黑帮老大进屋后，气势汹汹地环顾了所有人一眼。如果这时有人不长眼地咳嗽了一声，黑老大对着其脑门就是一枪。目的是做给整个黑帮家族看，像是在说“你们不要惹我。看你们谁敢动我一根毫毛，敢招惹我，这就是你们的下场。这是一种警告：别让我不爽。”

当男人的感觉性需求没有得到满足时，或者当他的安全得不到保证，而他束手无策时，他也可能生气。它是灵魂的讯息，在说“现在正在发生的事情是我不喜欢也不希望看到的”。他常常对那种感觉是什么不做探究。他或许想要有人爱，受赏识，但是感觉到时他反而觉得自己的尊严被践踏或受到威胁。他在尚未意识到自己错过了感受爱的机会时而愤怒地退出。当他受伤或受威胁或需求不被满足时，他一点就着，都不待细细体味这种感觉。

我们的历史就是阿尔法男的奋斗史，其试图建立自己的统治地位：通过武力建立一种尊卑等级。如果他生气了，提高嗓音说话，胁迫人们，或者摆出一副他可以伤害别人的架势，他将个人形象塑造成最有权势，最不可能受到伤害的那个人。这样一个男人认为只有他自己可以无拘无束地表达自己，可以不受阻碍地照顾身边关系亲近的人。

我们暴力史中的另一个元素就是复仇的快感。我们都有看过好莱坞大片，坏蛋杀了一位无助的母亲和她的孩子，盛怒之下的父亲展开追凶。经历了无数的起承转合之后，要报仇雪恨的父亲和残忍的凶手狭路相逢，决一死战。最终，那位父亲使出浑身解数，出手准狠，超出了复仇的暴力程度。他把对手举起来丢到桥下，坏人的身体恰巧落到一根长钉上，长钉穿透其身体致其死亡。整个场面相当地血淋淋。我们对于第一起谋杀案的反应是愤怒和不相信。我们对于复仇的反应则是满足。其原则是一命抵一命。如果一个无辜的人被冤枉，或受到伤害，如果有人可以逼元凶付出类似或更大的代价，这昭示了邪不压正，第二场暴力打斗大快人心。

我们对英雄表示赞美，女人发现他很迷人。男人和女人会去看电影，在电影中，杰森·伯恩或者詹姆斯·邦德随心所欲地杀掉路人甲，我们感到钦佩。他为我们塑造出一个强者的形象，而非一个懦夫。他不会认输，不会被别人左右，他是一位保护者。他保护自己的女人及关系要好的人不受伤害，他维护正义。他通过暴力保护别人。作为男人，我们所受的教育使我们认为暴力男很酷。

电影里演的和正常生活不是一码事儿。在电影里，伟大的英雄可以随意地开枪杀人。如果在现实生活中你试图这么做，你就会坐牢。在现实生活中，暴行不被宽恕。

他和她的愤怒

当需求得不到满足时，或者甚至是面临威胁时，不管是男人还是女人都会生气，随之他们想要伤害别人以发泄情绪。但是，他们的做法有天壤之别。血流离开大脑前部，即理性脑，流向爬虫脑——激活或战或跑反应，外加被大脑中部激活的强烈情感。

由于雌性激素水平较高，当女人生气或面临威胁时，她说话、分享感受和求助方面的需求变得更加迫切。谈谈自己的感受可以增加催产素含量，有助于缓解她的压力。如果她觉得没人听她说话或者肯定她的感受，流向海马体（大脑中主要负责记忆的部分）的血流会显著提高。随着压力的增大，她会选择性地遗忘，忘掉所有他对她的好，只记得他犯过的每一个错。她说的话非常恶毒，在他听来无异于“人格暗杀”。她或许会说一些能刺痛对方的话，甚至于把东西扔得到处都是，但是她不太可能跟男人动手。

对于男人而言，则大为不同，血液流向大脑的活动中心。由于男人的行为受睾丸素驱使，所以如果他大脑原始的部分失控，愤怒促使他付诸行动。当他失控时，他或许甚至会实行身体暴力。

她用语言伤害他，而他用行动伤害她。

例如，马尔西跟汤姆争论汤姆花在工作和花在玩家里的电脑上的时间比例多少才合适。觉得自己被拒绝后，马尔西说：“我真不应该嫁你。你总是那么晚回来，你从来不关心我，你从来不管孩子，而且你还是个差劲的父亲——还是一个糟糕的爱人。”

汤姆认为这些都是针对自己的，他信以为真，他火冒三丈，因为他认为这都并非事实。他觉得有必要让她停止对他进行人身攻击，但需要让她看到她错得多么离谱，让她知道她的话有多伤人。在那时那刻，如果他不让自己暂时离开，冷静下来的话，他的怒火会不消反长，而且由于他觉得自己无处可逃，所以他与她针锋相对。受伤的人伤害别人，支配别人与被别人支配，在诸如此般人际关系或工作场所中，男人时常发现自己身陷这样的状况：要么支配别人，要么被别人支配。不管是生气折磨——还是威胁让某人承受痛苦——以控制局面，或者躺下，翻身，然后让人们从你身上踩过去。过去，这是一个众所周知的事实：使用武力和对对方不可遏制的怒火以赢得战争的胜利，回回如此。做一个真正的男人。

然而，对于如今追求成熟的男人，这又使其陷入一种新困境。

他会为自己流露出来的愤怒感到内疚，然后，由于大脑后部只能选择支配别人或被别人支配，所以他做出让步，变得顺从。这似乎是他面对使其感到羞耻的愤怒的唯一办法。

当一个男人在这方面丧失能力时，身体会释放出芳香化酶，将睾丸素转化为雌性激素。因此，在生化层面上，他其实变得更加女性化。通过这种方式变得消极和柔和的男人，不太可能会生气，但是当他生气时，他更可能动粗。雌性激素水平过高使得他更加情绪化，失控的可能性更高。

阿尔让那说：几年前，才华横溢的奥地利电影制作人尼娜·罗兰（Nina Roland）拍摄了一部电影——《梦醒时分》，我在影片中担任主角。这部影片赢得了法兰克福电影节评委会大奖。结果是，我的讲座在德语国家更加受欢迎，我为那里的许多男士开办培训课程。尽管 1945 年二战结束，距今已有七十多年，但是在德国和奥地利，战争带给他们的耻辱犹在。他们仍然活在战时记忆中，淋漓尽致地表达极度男性化的力量、愤怒和极端暴力。整个文化不得不认输，被全世界所不耻。战后多年，由于德国人被认为不宜于管理自身，所以德国需要从别国雇佣临时保姆。因此，即使到了今天，德语国家的男人不仅被削减兵力，被限制发泄怒火，而且他们还——很大程度上——削弱自身力量、权威以及采取大胆行动的能力。德国女人抱怨说，那里的大多数男人对她们温柔，同情心泛滥，缺乏决断力。当我与这类男人共事时，真正的挑战不是消除他们内心的愤怒，而是再次唤醒这种原始力量，玩转它，学会利用这种力量为强大而决定性的领导力奠定坚实的基础。这种原始力量是建立健康两性关系所必不可少的。

现今，无论是工作场所中与其他男性之间的尊卑等级，还是在家庭生活中，全世界的男性所面临的困境就是他支配别人还是被别人支配?两者皆不可取。当他支配别人时，他就变成了旧时的大男人——别人从来不知道他在想什么，为人强硬，随时都可能对人动粗，冷漠无情。或者，即使他学会了让自己不那么冷漠，让自己更富有同情心，但是这也可能经常导致他受到别人的支配而优柔寡断：变成尊卑等级底层的贝它侠。

神奇的钥匙

对策就是发挥意识的神奇力量。正念才是那把钥匙。一个成熟的男人，通过培养感受力，唤起他的愤怒情绪但不会盲目地发泄，超脱支配别人或被别人支配的困境。你超越了所谓的“不可能”。你可以彻彻底底地感受发自内心的愤怒，这样你才能探索更深层的感受。如果被拒绝后，你感到生气，与其盲目地反过来拒绝对方，倒不如回想一下自己为所有人好的本意，然后选择另辟蹊径，大胆无畏地实现自己的正面动机。你超越无意识表达或无意识压抑的双重性，两者同样都是不受意志支配的。

在无意识状态下用行动发泄情绪，或者是无意识地压抑情绪，这两者同样都是男子汉气概不成熟的外在表现。或战或跑反应是爬虫脑的下意识反应。同时，情绪反应，包括同理心和反应性，源于大脑边缘系统。冷静、理性而有逻辑性的意识与前额皮层密切相关。就其本身而言，它们中任何一部分单拿出来都是不均衡的。

有意识的意思是整个大脑被同时激活。爬虫脑活跃起来是因为你仍然能够感受正当的愤怒，或义愤。它赋予你力量、能量和积极性。与此同时，你的大脑边缘系统变得活跃的原因是，你在感知自我情绪的同时还能同情别人的遭遇。这能提高你的积极性，更加主动地关心别人，让你更加清楚自己想要的是什么。依靠前额皮层，你才能做出有意识的选择，知道如何伺机而动：为自己，也为大家带来最好的结果。这自然地赢得了周围人对你自身领导力的信任。他们知道有你的支持。

感受到情绪而不立即发泄出来，有时需要你深呼吸，放开想要大喊大叫的冲动，但是又能给人意志坚定的感觉。或者你可以简单地躲开，喘口气。感知和意识到你的愤怒情绪而不受其摆布，你能学习尊重自身的使命和目标，帮助你继续朝着正确的方向前进。从而使你把愤怒转化为有权威的领导力。现在，你不仅拥有了不被情绪冲昏头脑的能力，而且还有感受能力，这完全不是一码事。愤怒意识与生气根本不是一回事儿。

感到生气，而不是简单地怒火中烧，会让你对别人的感受更加敏感。当我们情绪激动时，当我们“生气”时，我们无法感受他人的情绪，因为我们自己的情绪完全占了上风。我们不会察觉周围发生了什么样的状况。但是，当你有意识地去体验情绪时，你可以告诉自己“此时此刻我正在感到生气”。只有那时你才能同时也意识到“另一个人感到威胁，那就是让我对他 / 她说的话或做事的方式感到生气的原因”。这种洞见来自同理心，可以缓和想要反击的倾向，激发出伟大的领导力：为每一个人带来更加理想结果的智商和创造力。

愤怒变成慈悲。你成为一位更加值得信赖的领袖，强过旧时暴跳如雷、以行动为导向的大男人，或者是同情心泛滥，过分柔和，否认除了爱、和平与歉疚之外任何情绪的男人。

健康的后悔

当你将这一概念应用于反思往事时，它会让你看到后悔的积极面。回想一下，过去当你对某人造成伤害时，当你生气并且失去理智发火时。那个时候，你有理由觉得自己这么做理所应当。当流向大脑前部的血流受阻时，你只能感受到自己的痛苦，对于另一个人的痛苦没有丝毫感觉。现在记住，让更多血液注入大脑的每一个角落，你将同时也能同情他人所受的痛苦，从以往的经历中吸取教训。明知这样会惹你生气，为什么那个人还选择那么做？他们的感受是什么？

当你折磨他们时，这样，你的意识才会逐渐变得成熟。你感受到曾给别人带去的痛苦，你会感到后悔。

现在，你有意学习并培养自己的领导能力。等下次你处于怒火中烧快要爆发状况中时，你可以料到自己肯定会为此后悔："当我发泄怒火时，日后其将——或者很久以后——让我对自己感到失望。我不再受到人们的尊重，或许很难再让人们尊重我。我以后会自食苦果，抱憾终生。"健康地预料到自己将为之后悔，这变成了一种动力，改变怒气的方面。

有权威的领导力

学会感受愤怒的另一个好处就是你可以干预怒火，对其加以引导，化怒火为绝对的权威，有时提高嗓门可以获得别人的好感。阿尔让那说：

当我家的男孩子们长到10多岁时，我亲身体会到了这一点。我一生气，一眼就被他们看穿，我一下子失去了他们对我的尊重，不再配合我。但是，当我学会提高嗓门对他们讲话时，规定自己不能被情绪左右，我的两个儿子都会听话地做出反应。现在他们长大了，我也学会了如何做一名合格的父亲，我可以将其中的宝贵经验与教训应用到生活中的方方面面。我明白，作为一个领导者，自信心是关键。

你对待他人怒火的态度非常重要，这决定了你如何对待自己的愤怒。如果你放任自己被吓倒，如果你屈服于另一个男人的怒火，觉得他的怒火对你是种威胁，从而让他成为赢家，结果就是你被他支配，你自身也失去了本来的力量。推开另一个男人的怒火，意味着你也将自己的怒火封存进了地下室。当其他男人的怒火并不能把你怎么样，你不受它摆布时，你就学会了如何做到站稳立场，即使它意味着你是颤抖着甚至流着泪地站稳立场。就是这种在面对欺凌时保持强硬的勇气，不仅帮你撕下贝塔男这一身份，而且还将让你赢得别人的尊重，视你为有胆量而坦率的领袖人物。

感知愤怒使你可以为大家找到其中承载着的正面讯息。“这里有些东西让我不太喜欢……这里并不是我们每一个人的乐园……某些人的需求可能得不到满足，达不到其满意……热情被压抑……我在某些方面受到威胁，或者有人也有所感。”大脑的各个部位得到更多血液流入，你的意识变得更加清醒，谛听愤怒中传递的积极讯息。它还能让你意识到，愤怒其实是一种能量。如果你感到怒火在体内运行而按照怒火的暗示行事时，你或许会有暴力倾向，动手伤害别人，做一些让自己遗憾的事情。然而，如果你让那种能量在体内穿行时，它可以使你感到更加有活力。

那种活力转变为权威和值得信赖的领导力。

充分地感受这一讯息而不作为，你就可以更深入一些，多想想，有意识地感受自己对每一个人抱有的良好愿望。这种良好愿望是伟大的领导力和鼓舞士气的来源。将自己看问题的角度从不想要什么转到你真正想要什么上来，你就能源源不断地获得正能量和创造性智慧。基于这一新“洞见”，现在你可以有意识地把原始大脑习惯性的、下意识的反应提升到更高水平——更加明智、更加有意识的反应。

哪些因素阻碍着我们

为了改变男人与愤怒的关系，他需要面对几大挑战。

爱恐吓人的伊恩

支配别人，使自己说了算，听上去非常有诱惑力：这能让你获得短时的满足。如果我们想要马上搞定事情，如果我们想要获得不受威胁或不软弱的即刻满足感，人们会禁不住地想要成为老大。恐吓往往只在短时间内有用，是原始的无意识自我高举长矛，危言耸听地说：“你最好小心点，不然就叫你吃不了兜着走。”人们会屈服，因为他们不想跟一个愤怒的男人计较。这是获得主导权和控制权的捷径。当然，别人也可能并不买你的账，从而使双方关系无以为继，扼杀了实现有效的领导所需的信任。好邻居不是这样获得的。我们吃定有些人害怕我们，一旦疏忽，他们就会联合起来为自己报仇雪恨。

消耗殆尽的德斯蒙德

当一个男人将自己的储备消耗殆尽时，他就会感受到压力荷尔蒙，血液将先于前额皮层流向爬虫脑和情绪脑。脑部负责决策等较高层次思考的前额叶皮质，是脑部有待开发的部分，也是最后得到血液流入的脑部区域。当我们感到有压力时，血流将从前额叶皮质回流，我们变得更加情绪化，进入或战或跑反应状态。当我们处于压力中时，我们更可能生气，做出暴力行为的可能性也更大。

当你感觉情绪激动时，关键是要出去散散步。你要意识到，你身体的某个部分累了。让自己牢记：我需要多多休息，我需要调整节奏，我需要多些时间休假。有时候简单地留心这一点，就能让你瞬间放松下来。只是想到“下周末我可以休息”就能让你的神经系统更加放松：今天，立刻。伟大的领袖需要休假。

懦弱的威尔弗雷德

正如我们会被愤怒冲昏头脑而失去理智一样，一个男人也会因自己内心的愤怒如此令人害怕和不友好，使他荒废自己的力量源泉。一旦失去方向感和那种一切尽在掌握的感觉，他会觉得自己很脆弱，总是很疲惫和不知所措，与做一个带头人南辕北辙，他反而将注意力放在讨好别人，寻求别人的认可上，而且妄自菲薄。不仅没有将愤怒转化为强有力的领导力，他还羞愧地否认愤怒的来源，从而变成了一个人云亦云的人。问题的关键是与愤怒共舞，找到歌颂愤怒的原始力量和活力的方法，警觉地相信，没人会遭受任何伤害。

病态的皮特

当你变得戒备起来或者想要发怒，很容易地听到有人对你说“别这么大戒心嘛”，好像有戒心是一件非常糟糕的事情。然后你禁不住会想，我不该戒心这么大，我不应该生气。生问题是你用它做什么。如果你未曾意识到这一点，如果你没有发现自己生气了，那么它将疯长，导致你做出让你日后感到遗憾的事情。试着不发火和戒备，或者企图总是保持愉快，都将让你变成一个懦弱的人，毫无尊严可言。不论何时有人说“你戒心真重”时，问题本身就是矛盾的。最好的回应就是说一句：“千真万确。我在生气，对你有戒心。让我一个人待会儿。”当有人说你有戒心时，别为自己评理。只需对那个人的话表示认可，承认它，然后告诉自己：“挺不错。那是我的原始能量。现在，我要为了它选择退避，珍视它，当我有所收获时，我会再出来。”

有责任心的罗伯特

生活对你不公平时，事情的结果不理想时，或者事事都不顺心、让你觉得生气时，许多男人往往将这些归咎于某人，甚至自责，然后觉得自己不够好。在这种时候，把双手放在胸口处，并做深呼吸。当气流被呼出时，告诉自己：“我感到生气。每一个人都在生气。”每个伟大领袖，从释迦牟尼到亚历山大大帝，都应记住这个世世代代流传下来的道理：世事无常！提醒自己：“我们都竭尽所能地要做个好人。”

如何实践

暂时休息

当你发现自己被外界刺激激怒，你变得怒不可遏，关键就是要言简意赅：“我觉得心烦，请给我一分钟时间。”换一种说法就是：“我真的需要一些时间，想想你说的话，所以暂且休息一会儿吧。”暂停一会儿能让你充分地消化掉愤怒为你带来的营养，而不必立即将愤怒付诸实际行动。这是伟大领导力所需具备的最重要的一点。

当血液不再流向大脑前部时，你无论怎样都听不到那一个人在说什么。他们很愤怒，你开始生气，你正不知不觉地开启反应模式，你需要找到方法让自己关闭这种模式。勿要用这样的措辞：“我听够了这堆废话。老子不干了。”我们都曾这样试过，但是结果并非如你所想。

授权过程

愤怒让你无法冷静地思考问题，无法从失败中吸取教训以纠正自己，也无法听取别人的意见。或战或跑绕过了以上所有这些，让你不假思索地付诸行动。当你一个人慢慢地冷静下来之后，取出一张纸或者一本期刊，完成授权过程的每一个步骤。你也可以叫上一个小伙伴，与你一起完成。

1. 写下自己在气什么。之前你也曾因为类似事情光火，你可以回想一下，从而尽可能完整而自由地表达自我感受。任何人都不会受到影响或受到伤害。大胆地表达自我。问自己。

是因为什么让我生气？

我为什么生气？

我什么时候曾因类似事情而生气？

我想要的是什么？

2. 花点时间，慢慢地等待答案。你在愤怒中越是能想清楚自己在争取什么，你便越能感受到更多能量在体内流动，怒气随之慢慢地消散。当你因没有看到想要的结果而沮丧时，怒气随之而来。继续更加深层次的探索，从而将破坏欲望转变为具有正面意义的欲望："我恨他们……我想放弃……我谁都不想看到……我渴望和平……我想要被尊重……我想证明自己具备的才能……我想要施展才华……"

3. 接着，更加深入地探索，感受到一切都是值得的。

哪些动机是合理的？

哪些是我应得的？哪些是别人应得的？

哪些是对人对己有利的？

4. 接着，缓缓地走进"是的，我配得上它。我们配得上它"。这会让你增强自信心和领导别人的能力。

这一过程将引导你化愤怒为采取建设性行动，也让别人对你产生信任感。

赞美纯粹的能量

当你真生气时，也能让你能量满格。当你远离当时的状况后，独自走开，你发现自己斗志昂扬。有时选择袖手旁观那种能量会非常有帮助。

阿尔让那说：我曾一度斩断了让自己生气的一切可能性。那时，我变成了一个"懦弱"的人。我想方设法地与我身上的原始力量友好相处，这帮了我大忙。你可以大声地咆哮，你可以对着一个垫子拳打脚踢，或者你可以在吊袋身上撒气。目的并不是真的想发泄什么，仿佛你正在做什么结肠灌洗类的事情。然而，目的只是让自己重生，享受这种活力。你在赞美这种活力。为获得理想效果，你必须通过探索身体的奥妙而彻底地放下那段故事。

怒火攻心，直击脑门，让你全身发光。你可以把它想象成一个温度计。当你陷入故事中无法自拔时，那故事的温度维持在50摄氏度上下。如果你能放开那个故事，只是为生气而生气，你可以将温度计中的液体推升至70摄氏度的刻度位置。如果你的怒火还能继续飙（有些人甚至喜欢在房间里放一个棒球拍和一个垫子，以便肆意地发泄），你可以将温度计中的液体推升至90度的刻度线那里。如果你继续推升，忘记自己生气的初衷，你就可以进入一种忘我的境界。之后，你可以推波助澜地让液体冲破温度计顶端，然后顺着温度计的表面哗啦啦地流下来。如果你可以引导能量以这种方式爆发出来，闭上双眼，感觉自己浑身上下都在发光。这是一种非常神奇的办法，让愤怒贯通全身，最后成为光和爱。这个过程从头到尾都没有大脑参与。

在后悔中成长

当你真生气时，另一个不错的方法就是，独自花些时间，并记下你发脾气的时间。回想一下过去，自己发火的那一次，回想下发生了什么事情。你是怎么说的？你是怎么做的？或许是你打碎了什么东西。或许你生气时甚至对某人大打出手。因为现在并没有发生，也因为那是记忆，所以你可以想想那时发火的原因。如果你打了人，你可以想想那个人什么反应。或许那个人变得畏惧你，与你断交。或许你从此失掉那个人对你的信任。如果你是打碎了什么，想想你冷静下来时，你对此作何感受。当后悔把破坏力变为珍贵的教训时，它可以是一个很棒的老师。当你以后悔的心情回忆当时自己愤怒的样子时，你感受到发脾气的后果，从而使你坦然地面对怒火，而无须任何发泄。

学会原谅练习

一旦你开启后悔模式，你自然而然地更加意识到自己受过的伤害和自身的脆弱，因此你也能明白他人的感受。给予这个人的所言所行，你可以问自己，导致他们这样的内因是什么？

1. 把两个垫子放在地板上。

2. 然后，在一个垫子上坐下来，闭上双眼，想象着另一个人站在你面前。允许自己任性地发脾气，让自己对这个人一阵狂风暴雨。自己放开地体验怒气，并发泄出来。

3. 调换一下坐垫，试试看，你是否还能体会到那个人的感受。设身处地地想想，什么样的情绪状态才使这个人感到受挫、生气，使其这般爱挑错，非常有攻击性。

4. 坐回刚才的坐垫上，现在又感受如何。

5. 只是在坐垫上调换位置，来来回回地在感受表达自身情绪与站在对方的位置为对方着想之间转换，你的怒气将变成同情，遇事更能站在双方的角度去考量。这就是伟大的领导力。

这一道理同样也适用于以浪漫的方式一起去全新、截然不同的地方。

感激练习

当你生气时，抽出点儿时间来，等到你不生气时，想想这个人对你的好，想想他曾为你做的事情以及他或她做这些的原因。因为他们想在某些方面给予你支持。你可以找出这些事情的正面动机。这个人最先考虑的是什么？他们生活中的最大意愿是什么？当我们放任自己去思考时，我们往往只会看到负面的事情，而忽略了我们在一起时的美好。

约翰说：有一天，我正驱车穿过米尔谷，女儿对我说："爸，为什么灯总是红色的啊？好像我们总是赶上红灯。为什么就不能一路绿灯地畅通无阻呢？"

然后我说："劳伦，咱们一起做个实验吧。咱们在镇上开车绕一圈，数数一圈下来，会遇上多少红灯、多少绿灯。"我们开车在镇上转，我们发现一圈下来遇上红灯的次数是绿灯次数的三倍多。然而看上去好像我们总赶上红灯，这是因为，当你遇到红灯时，你会干等很长时间；但是，当你遇上绿灯时，你只是直接把车开过去。与这个的道理完全一样，当伴侣让你非常沮丧时，一旦开始的剑拔弩张散去，想想伴侣的好和其屈指可数的让你不爽的时候。

当有人对你怒火冲冲时

有人对你怒火冲天时，不论是你的伴侣，还是家人，又或是一位同事，而你莫名其妙地不能一个人走开并独自思忖此时的感受，你可以选择站在对方的立场上去，切身体会，有意识地感受对方的怒火从何而来。根据我们前几章介绍过的方法，如果你已经进行了一些实践练习，较之前更加心中有数的话，那这不失为一个好主意。当有人非常生气时，不妨稍稍放低身体，略微弯曲膝盖，以使盆骨与地面之间的距离保持在一英寸左右。但是要做得巧妙，不能让对方禁不住大笑起来。呼吸，如果有必要，把双手放在下腹部，感受身体重力下降。看着这个人的双眼，在对对方的愤怒做出反应前，先静静地站在对方面前，朝前方迈出一小步，二分之一英寸就已足够。让自己进入愤怒状态是一种沟通方式，似乎在告诉对方“我就在这里”或“我在听”。这不但能让那个人消消气，还能让你由反击转为感同身受。这将更能让你回归本心，让别人更加尊你为领导。

给成熟男性身旁的女性

每个人都会生气。我们所有人都会有不耐烦、有挫败感的时候，有时甚至会失去理智。尽管我们都爱自己的伴侣，但是偶尔也会在盛怒之下做出不理智的行为。

尤其是，男人并不清楚，在女人看来，他们生气时会多恐怖。纵观历史，远古时期，男人生气时，总会有人受到伤害或被杀。女人生气时，男人只会被冷落，又不是被判死刑。正是这种区别导致亲密关系中的曲折起伏。男人生气时，他通常无法觉察如何将女人拒之千里之外，无法意识到自己出于何种原因才会这么做的。他的推理是，如果她可以生气，那么他也可以。或许看上去如此，实为不公平。

如果与你在一起的是这样的一位男性，立志于成为一位有意识的、成熟的男人，而且为此他在不断地练习——我们希望如此，那么，他将在做出后悔事情之前抓住这一时刻，他会说“现在我需要点个人空间。我要暂时离开一会儿。我要把你的话好好地消化一下。请给我点时间。”这是男人所做的最棒的事情。这会使他具备的领导力越来越强，获得来自你和其他人的尊重。

如果他说出那句话，重要的是不要跟着他。一旦男人有了自己的空间，他就会消气。男人自身有一套天然的机制，消化眼前正在发生的状况。

最终，好男人将慢慢地看清自己这一方的问题，然后当他再次走出“洞穴”时，他能更好地理解对方，更加懂得倾听。

如果与你一起朝夕相处的男人，有时会难以自抑地发火，甚至会对你拳脚相加，请不要选择独自承受。确保与你关系好、爱你的每个人都知道你的情况。如果男人控制不了自己的愤怒，你就算替他保守秘密，也保护不了他。你不但会害了自己，而且有可能断送他求助的机会。没有不生气的男人，这没什么不对。但是并不是每个男人都懂得如何负责任地疏导愤怒。如果你的伴侣尚未学会，要相信他是愿意学的，可通过训练做到的，有了你的支持，相信他会变成一个值得你托付、给你安全感的人。

最后，如果你还是单身，就愤怒管理能力而言，我们介绍三种不同类型的男人给你，你可能被他们所吸引。一种类型是爱生气、有暴力倾向的男人。他易与人发生矛盾，他与前任或许有过一段暴力史。如果你知道你在某些方面被那一类型的男人所吸引的话，这或许是过去留给你的感觉，使你认为爱伴随着愤怒而来，甚至有可能是来源于父亲。在这种情况下，和你的朋友谈谈，甚至可以和心理治疗师说说，在你陷得太深之前，不妨问问朋友们的意见，为可能的伴侣“相面”。

第二种类型的男人从来不生气，甚至不会被惹火。他面带微笑，说话慢条斯理，喃喃细语，散发出和平与爱的光芒。他自称从来不生气，通过某种修炼，已然超脱。有些女人会被此类型男人吸引，源于过去留下的感觉，对男性权力怀有莫名的恐惧心理。对于此类型的男人，你或许可以慎重一点。随着时间的慢慢推移，我们注意到，让女人始终尊重这类男人可能很难。

第三种类型的男人是会生气的男人。他可以维护威信，即使面对对抗，他也不会打退堂鼓。面对不公或不道德的行为，他敢于抗争。没人可以轻而易举地击败他，他会毫不犹豫地保护你，袒护你。但是他自我意识强。他不会情绪失控或者让情绪影响自己的判断。他天生就是当领导的料子，人们尊重他的决定。我们希望你能选择这一类型的男人。

熟男手记

鲍勃·艾尔比，Inside Circle 公益组织[①]创始人

我工作的很大一部分内容就是应对愤怒。小的时候我父亲经常打我，我在暴力中长大，我当时以为家长都是这样对小孩的。我十七岁的时候就因为盗窃和其他违法行为被抓过，在各类机构中进进出出。我和我最好的朋友雷蒙犯了商业盗窃罪，警察来抓我们，但是我们跑掉了。他们

① Inside Circle，美国非营利组织，致力于帮助监狱中的人积极改造，回归社会。

开着警车把我们逼到了一条小巷。当时是早上四点，我们俩在小巷的尽头一个往左跑，一个往右跑，我当时都能听到枪声，但是我逃脱了。第二天他们就逮捕了我。

他们告诉我雷蒙已经被击毙了，而我则会因为谋杀罪而坐牢。

他们给我看了一张照片，雷蒙脸朝下趴在地上，背部有一个巨大的枪伤。我都能看到他的脸。我们真的是很好的朋友，曾一起沿着海滩骑摩托车，讲述我们生活中发生的各种事情，互看自己的伤口。我们曾经无话不说，而他现在却躺在地上，死掉了。

我能感觉到自己内心有个地方啪嗒一声碎掉了。我内心剩余的最后一小部分"一定会努力做得更好""我会努力弄清楚究竟是怎么回事"的想法也放弃了……我不在乎了。从监狱出来后我开始吸食海洛因，因为这是唯一可以压制我内心怒火的方式。我想要报复这个世界，我恨警察，我恨所有穿着制服的人，不管是邮递员还是飞行员，我都对他们恨之入骨。我想杀掉所有穿制服的人。

我和三个不同的女人生了三个孩子，我没参与过前两个儿子的生活。我当时很狂躁，我小儿子的出生是我最后一次机会了。如果我真的想好好做个父亲，而且一直陪在我的小儿子身边，我一定要想办法。我遇到了一些从事男性工作的男人，受邀加入了一些男性团体。当我开始审视自己的情绪时，我发现如果给我的情绪一个机会说话的话，它想说什么我一清二楚。我开始把情绪视为告诉我生活中发生了什么的工具。我知道愤怒是我们需要做一些大事时的一种反应。它告诉我们，我们可能正在经历某种形式的不公正，需要突破我们的界限。

我第一次受邀去一个男性团体参加正视自己愤怒的会议时，我觉得这些人肯定疯了。我告诉他们“我被激怒了”，然后团体中的一个人说：“很好，就是要让你被激怒。”我说：“如果我生气了，就会打碎这个破屋子里所有的东西，我会伤害别人的。”他说：“不，你不会的。”我愿意长时间相信他们，他们也陪着我，让我第一次感受到自己的情绪。你必须学会让他人亲近自己，但是这很困难。有时你必须要抓住它们，大多数时候这种释放情绪的行为很早就终止了。

我必须找出自己在保护什么，侮辱或侵犯了什么？这种攻击来源于哪里？当我想放弃外部攻击时，我会发现自己的某一部分感觉受到了攻击。内心深处还是同样的事情，我感觉自己无足轻重。我身体的一部分又受伤了，很深。你们感受不到我的感受吗？没有人感受到过。他们看到的只是我的愤怒，我把愤怒发泄在了我周围的每个人身上。

有一天我去听一位非洲作家马利多玛·帕特里斯·萨姆导师的演讲。演讲的最后，他径直走到教室最后我坐的地方，说：“这是我的名片，打给我吧，我们还有很多事要做。”第二周我确实打给他了。

他告诉我达格拉（他的家乡）人是如何对待彼此的，他们知道每个人对于整个社区来说都是独一无二的存在。他向我讲述给孩子起名字的故事和赠予彼此独特的歌曲的故事时，我深受触动。他们在做错事后不是被处罚，而是再唱一次他们的歌，以提醒他们不要忘记自己的天赋以及自己的本质。他们那里人都说，当一个人不知何故忘记了自己是谁时，他只能伤害另一个人，或者做错事。这对我来说很有道理。

他邀请我去他在布基纳法索的村庄。接下来的几年里，我在那里待了很长时间。这是一个每个人都被视为至关重要的社区。每个人对圣物的个别表现都对村庄整体福祉至关重要，因此一个人的缺失影响到每个人。

他把我介绍给自己的医生。我一直觉得自己应该对雷蒙的死负责。他的医生告诉我说："你知道雷蒙是谁对吧？你知道他的天赋是什么。"我告诉他我知道，然后他跟我说："你的责任之一就是把雷蒙的歌带到你自己的社区里去，带给你的朋友和家人，让大家都知道。你有责任传播自己的天赋，但是现在你也有一个附加任务，确保雷蒙的天赋不会被浪费。"

我现在有一些真真切切的事情可以做了。我该怎么把他的天赋带回去呢？

雷蒙是一个爱笑、有趣而且很爱冒险的人。我怎么能发现自己的天赋和歌曲，同时也得到他的呢？我唯一能做的事情就是开始减轻对另一个人的死亡负责的感觉。这就是改变的原因。

我之所以去监狱做公益活动，部分原因是我觉得雷蒙会这样做。雷蒙身上有那种魅力，他能做到这些。机会刚出现时，我对去监狱犹豫不决。本来我不会去的，但现在我有了这个动机，这种动机成了我生活的一部分。

我和监狱里的人聊天时跟他们讲了我自己的故事，我为他们唱雷蒙的歌。然后我问这些人，他们是否为某个人的死亡而自责不已，他们是否能找到这种方法。对很多人来说，这就是他们转变的原因。

Chapter 7
第 七 章
兄弟之谊让男人更加成熟

一个成熟的男人会与其他人建立深厚而长久的关系，这种关系会使双方都得到发展，让彼此更有男人味。就大多数男人而言，与几个人建立起深厚的友情是他最大的追求。事实上，对一些男人来说，有一个知心朋友就能彻底地满足他对友情的需要，他能从中不断地汲取营养，赋予其力量。男人找到一个或者多个知己时，那种感觉就像找到了家人一样。即使彼此之间并不存在血缘关系，但是男人也会把自己的铁哥们儿称为“兄弟”。

当他们见面时，你永远不知道他们会用什么话来互相调侃。男人可以很容易地聚在一起，互相调侃，更加放得开，不用猜测对方的心思，思想容易受干扰。同样地，一旦他们理解了需要自己做些什么，男人可以发自内心地对朋友给予鼎力支持，有意识地将所有心思都放在他们真正的使命上。

男人之间的互相支持与女人之间的那种支持有所不同。女人在见面时会很开心，不是为了什么特别的事情，只是在一起聊聊天。分享一下自己的感受，说说白天发生的事，对对方遇到的麻烦表示同情，都会帮助女人放松下来，深化彼此的关系。对于男人而言，这截然不同。通常情况下，男人会将朋友最好的一面激发出来，当他们合力解决特定问题时，往往会给予对方莫大的支持。比如，共同完成一个任务，共同为某个目标而努力。所以，当男人们齐心协力地搭建一个棚屋，合作创作一本书，做生意，参与激进主义活动，或者努力实现结果已确定的方案。他们在这些情境下，会激发出彼此最好的一面，同时，在此过程中，还能感受到默契和手足情谊。

另一个体现兄弟情深的情境是，组建策划小组。尽管男人和女人在这些方面可能皆是如此，但是这却是男人表达支持的一个不错的机会。策划小组通常定期召开会议，是展示男人们肩并肩地致力于奋斗目标、工作和使命感的一个机会。圈子里的每一个男人都会将他所面临的挑战拿来与他的目标进行比较，向其他人寻求反馈和思路。

建立男人小组

许多男人还会极大地受益于建立“男人小组”，小组成员们会定期见面。现在，会面的目的不只是谈论工作和使命，还变成男人建立彼此间默契、互相支持以成就彼此的更大平台。我们也是由此才开始写这本书。距今为止，我们一直在同一个男人小组里。我们小组的见面地点就在旧金山北部的马林郡，而且阿尔让那住在内华达山脉那边，离会面地点有好几个小时的路程。由于开车回家要花很长的时间，所以如此进行了一个月的时候，他发了一封邮件，问有没有人能让他借宿。约翰主动应下。小组会面结束后，我们一起回约翰家，我们一起喝了杯茶。当时大概是晚上 10 点左右。我们开始谈小组的情况，但更多的是谈男人小组，然后说到现如今身为男人意味着什么。当我们再看时钟时，已经是凌晨两点半了。在下个月，我们又是促膝长谈，如此往复。所以，我们意识到，我们在交谈中分享了非常棒的见解。我们开始记录下这些意见，然后诞生了这本书。

我们在书里谈论了成熟的男人如何有意识地体验情绪和生活的纷纷扰扰。从更广阔的视角来克制不断变化的想法和情绪。男人小组恰恰是我们所需要的那个容器。在这个小组里，男人可以将自己的所感所想说与大家听，让别人知悉你的情况，他们默默地听你说，当你征询他们的意见时，他们还能告诉你他们对此事的看法。这说明单枪匹马不如万人走一方，集思广益才会有好计策。当男人谈论自己面临的挑战时，他会缓缓进入原始的爬虫脑（或战或跑），或者是进入负责情绪反应的大脑部分，前额叶皮层。其他在倾听的男人则给彼此一点空间，保持意识集中，使意识进入前额叶皮层。这意味着你可以坐在围成的圆圈里，你可以放松放松，让自己该怎样就怎样，不必拘束，整个小组都可以为你倾听，见证你的变化。

与一个女人单独交谈或在男女同堂的情况下与人交谈不同，男人小组确实能给男人带来与众不同的体验。你必须试过，才能意识到这种与众不同。当你与伴侣在一起时，或者与有男有女的一小群人在一起时，你的身份是一个男人，你的经验与女人的不同。你从来都是一知半解："我这么觉得、这么想，正不正常？我们两人的感受不一样，或者事实上，我与她朋友的感受不一样。我是不是有什么毛病？"这种不安会轻易地让你修正自己的想法和感受。或许显得庸俗粗暴、被动、有野心，或者太好强。当你与一群男人在一起时，你能感受到男性经验的共通性。

当你有规律地与其他男人聚一聚时，互相倾听，这能唤醒你的男性经验。这能让你听一听别人的经历，自然而然地，在场的每个人都变得更加有自我意识，更加能接受自己。就这样，我们的境界升华了。男人们通常并不太爱关注内在的东西，而且他们不太懂如何能清楚地将之表达出来，因为我们更加以行动为导向。当另一个人谈论自己的近况时，这仿佛也在替你说："是的……我也有过那样的经历。"这仿佛是客观规律，圈子中坐在你对面的人的经历，就像一面镜子，真实地反映着你的感受，以便让你从别人身上看清自己的痛苦或困惑。渐渐地你更好地了解了自己，通常你也变得更有男人味。"我之前从来没想过。我只是把它认为这是我自己的事，我独自应对它。但是他遇到与我一模一样的问题，而且他还是一个非常成熟的男人。"就这样，男人小组定期会面并不是要提建议，除非有人向其提出这种要求。小组里的每个成员都要为彼此负责，勇于激发出他们身上的最大潜力和内心最大的渴望，但是却总能营造一种舒适的氛围，并且自我意识很强。

一个突出的例子就是，男人本能地想到性，随时留意身边的美女。研究证明，走在街上的一般男人，其注意力会被美女吸引，频率是一分钟至少一次，而女人却没有这种经历。如果男人老老实实地将这种像在头脑中放电影似的、转瞬即逝且肤浅的外在诱惑告诉自己的妻子或者女友，她不会认为这没有关系。所以他不会承认妻子面前的自己就是他真实的样子。他或许多年以来一直以这种方式留心其他女人的，并且觉得自己在某些方面出了问题。一个男人跟其他男人待着的好处就是他可以说真话："我总是注意美女。痴迷了一样。"另一个男人会说："我也这样，兄弟，我们所有人都如此。这是男人的特点。你采取行动了吗？没有。所以那不算犯错。天性使然。"

这只是随便举的一个例子：短暂的吸引。但是这样的事情不计其数，男人不会当面向女人承认，他甚至几乎都不会向自己承认。

浪漫能增加女性荷尔蒙，而跟其他男人在一起时，这种荷尔蒙却能得以平衡。当你陪在女人身边时，你们在一起可以做许多事情，但在脑海里却常常想知道你们什么时候才可以再做一次爱。为了达到这个目的，你必须做好准备，这就要你煞费一番苦心，做足前戏。你要过关斩将。你要倾听。你要做些浪漫的事。你要深情款款。你要善解人意。你要有耐心。你需要慢慢来。你要温柔。你要做到所有这些，以及更多，才能有所接近她的私处。为做完这些事情，你要协调好自己敏感的一面。从某种意义上来说，当你分泌过多雌性激素，而睾丸素却分泌得过少，那你就需要重新回归到平衡状态中。这时候，你应该叫上三五男性好友一起出去嗨，一起捧场。

别让没有章法毁了你的魅力

男性和女性的聚会有两个重要的不同之处。理解了这两个不同之处，会让你与其他人聚在一起时，能最有效地利用时间，让所有人都受益。第一个不同之处与章法有关。当女人聚会时，她们并不需要什么章法。她们可以只是出去消遣，逛一逛，吃些美食，聊聊天，开怀大笑，而且她们会不知不觉地更加松懈下来，身上的女性特质突显，变得更加放松，使压力得到释放。假如男人毫无章法的聚会，他们更可能趋向于无限肤浅下去。毫无章法地聚会更可能突显每个男人最肤浅的一面，而非最有深度的那一面。你或许就只能谈谈足球比分、汽车发动机或政治了。那可能会很有趣，但是不一定加深认识。章法使你趋向于深刻，有存在感、共同的目标感。

一个显示章法重要性的例子就是，当一个男人在关于自己如何受到挑战的问题上说了足足三分钟。然后顺着我们围成的这个圆圈，每个男人用一分钟的时间说出自己对此的反馈和建议，要言简意赅。集会之初，首先在沉默中度过十分钟，或者在会前和会中戒绝酒精等物质，都是说明章法的例子。一旦你下定决心要遵守有章法的约定，才会使会面变得深刻，你才会更全面地认识男性化的本质。

挑战让你更有男人味

第二个重要的不同之处与挑战和支持有关。女人聚在一起时，通过互相支持、友爱和感激，她们使彼此展现出最好的一面。“你好漂亮，你是如此地为别人着想，而且你帮了大家这么多。”假如男人们见面后总说这个不说别的，那将令他们若有所失。男人们要想将彼此最优秀的一面展现出来，挑战这一元素自然少不了：发挥彼此最大的潜能。有时候，男人通过指出另一个男人说的话前后矛盾，或者提醒一下他，他现在并没有完全地践行他曾说过要达到的目的，这就是男人给予对方莫大支持的方式。所有这一切的发生都要以接受彼此、友情和互相支持为大前提。但是现在，接受有了进化优势。它意味着如今正在发生的事情、你对自身全部潜能的直觉和你将要变成什么样的人之间存在对立。接受现在所拥有的和觉知最大的可能性之间的张力使进化成为可能。

例如，在我们的男人小组里有一个男人，婚姻生活亮起红灯。他感到绝望，想要离开妻子。另一男人或许会说：我听说你对现在这种状况感到茫然无措。但是想想你都做了些什么。你们还有孩子。这就是你真正想要的吗？这就是你真正想要看到的吗？可以接受境况中的困难，也可以接受想要放弃的这种情绪，甚至还要接受你的潜能、你最大的目的和你过去曾许下的诺言。

哪些因素阻碍着我们

同性恋恐惧症患者哈里

男人间并不会走得过于亲近，特别是在美国，最重要的原因之一就是因为他们对被人视为同性恋者的共同恐惧。害怕被人视为同性恋，被贴上同性恋的标签，或者实际上本身实为同性恋，依然还是令人闻之色变，尽管过去几十年我们在接受不同性取向方面取得了惊人的进步。

阿尔让那说：我记得，几年前我与一位好友去野营旅行。他有点像是我的一个同父异母的兄弟。当我们到达特里尼蒂－阿尔卑斯山区——一个前不着村后不着店的地方时，天空下起了瓢泼大雨。在雨中徒步数小时后搭个帐篷的想法似乎是种无谓的自虐。所以我们转而前往历史悠久的威弗维尔小镇找个旅馆住。唯一没有客满的地方就是一家汽车旅馆，只剩下了一间空房，房间里只有一个大床。我们面面相觑，然后笑着说：

“好吧，我们就要它了。”站在柜台后的女人开始和我们交谈，假定我们是一对同性恋。所以我们向她解释说，我们两个各自结婚了，自己有老婆，现在只是一起出来野营旅行罢了。她一听，显得很惊讶，还带有些微的羡慕。她告诉我们，像现在这种情况，两个女人拼床睡，完全不会有问题。但是，她几乎从来没有见过两个大男人愿意拼床睡，除非他们是同性恋。

电影里充斥着这样的剧情，男人们去野外探险，不论做什么事情，甚至是任何事情，总是暗暗地害怕被人看穿：美国丽人，断背山，墨利斯的情人……事实上，男人有时会称别的男人“基佬”，并非指同性恋，一般只是指差劲的男性。“基佬”这个词是种蔑称。即使本就是同性恋，为何许多男人如此害怕世俗眼光呢？当然，这其中一部分原因是过去（不太久）造成的，那时候，同性恋被视为有伤风化且非法。许多男人害怕被女性化。他们不想变成别人眼中“哭哭啼啼”或控制欲强，或爱耍小性子，或无能，或是“男妓”，或可怕的人。许多男人认为女性化等于同性恋，即使这是一种非常不准确的成见，但实际上许多男同性恋往往比直男更加具备男性特质。

奇怪的是，那些对待同性恋态度最坚决，认为男同性恋应该被关起来的男人，有时候其对双性恋的潜在欲望却最强烈。一项颇具争议性的研究对流向阴茎的血液量进行了测量。他们将裸体男子的图片拿给大批男性受试者看，并测量其性唤起水平。也许会让你吃惊，那些对待同性恋态度最坚决，认为搞同性恋的人应该被关起来的男人，其性唤起水平反而高于那些不抱有如此偏见的受试者。爱达荷州共和党参议员拉里·克雷格，一直以来对同性恋法案都投反对票，在美国一家机场男厕所卫生间被逮捕。被指在卫生间发猥亵行为信号，勾引隔壁卫生间里的男性便衣警察。

为了深入探索你与其他男性之间的联系，并能从中受益，你必须愿意面对自己对同性恋的偏见和“恐同”心理，进而才能克服它们。如果你是同性恋或者双性恋，接受它，享受它。如果你是异性恋，那就放轻松，抛开不必要的紧张。你与其他男人之间的默契也是一种爱的形式，这种形式的爱跟你对伴侣、孩子和父母的爱一样强大且同样重要。你与其他男人间的联系不仅仅是建立工作项目，你们重视彼此，久了不见会互相想念，你们也可以互相依靠。你可以对妻子说：“我爱你，宝贝。”你可以对最好的朋友说：“我爱你，兄弟。”

好胜心强的科林

或许你还记得《伴我同行》这部经典影片，故事发生在20世纪50年代，讲述了三个少年一起成长的故事。那一年，他们还是尚未进入青春期的男孩子。电影一开始，著名作家回到家乡参加一场葬礼，之后他开始回忆起那段日子：“从此以后，我再也没有遇过像我在12岁时遇到的那种朋友。天啊，难道每个人都是这样？”这是一部非常经典的电影，尤其适合男性朋友看，因为它让我们想起青春期之前的美好时光，那时候男孩子间的友情深厚而单纯。你和兄弟，和其他男孩都很亲，而当你进入青春期后，这种亲密感就消失不见了。你与其他人之间成为竞争关系。一旦我们进入青春期，睾丸素水平大幅上升，我们有生以来第一次开始注意周围的女孩子。如果我们想博得她们的注意力，我们就必须搞清楚如何给她们留下好印象。当你第一次感到性唤起时，那种感觉就像是被人灌了迷魂汤。它具有极大的能量，突然你唯一关心的就是如何讨女孩子欢心。我是谁？哪些事是我可以办到的？突然之间，你想让自己与众不同。在大庭广众之下，你的父母让你感到尴尬，这个时候你变得更有自我意识。为了给女孩子留下好的印象，你需要通过行动定义自身形象。如果你想把那个女孩子追到手，你需要与旁边的男生竞争，还要做得比他更好，比他更令人印象深刻。奖品只有一个：你们两人中，只有一人能赢得她。

直到我们意识到这一点，青春期的我们想要给女孩子留下好印象的这种欲望可能会激发起你想获得成功和去表现的拼劲，这种劲头可能会影响你一辈子。当你对除了成功以外的一切都不在乎时，你与其他男性之间的关系就会变得有功利性。他对我获得成功能提供什么帮助呢？我如何利用他实现我的商业计划呢？这种关系具有战略意义吗？不惜一切的成功是唯一的乐趣。平衡这种对成功的偏执，为获得成功不惜利用别人的方法就是意识到生命中友谊的可贵。友谊可贵之处与如何在实现职业目标方面助你一臂之力无关。

粗心大意的奈杰尔

从某种程度上说，所有的关系无不需要经营。它们需要道歉，澄清误会，一再确认诺言。婚姻关系中，有时也需要你很用心。或许有时，你甚至需要去咨询婚姻顾问。对于孩子，你明白你仍需要做功课，而且，找家庭治疗师咨询也未尝不可。工作场合很重视人与人之间的矛盾，调解人常常听当事人说他与一位同事的关系处得不太好。但是几乎所有男人都会羞于将这种注意力放在另一位男性朋友身上。为什么男人之间的友情这么异于常人呢？这种友情仍需要维护，使其一直保持健康。任何一种关系都像是一个花园。你必须为它浇水，照管它，否则它会在不知不觉中凋谢。因此，男人常常认为，朋友很容易被亲密伴侣、家人，或者是同事所替代。当友谊的小船翻了时，我们往往并不懂如何灌溉和修复这种关系。我们会因微不足道的误会与朋友断交，而不是就事论事，反思过后向朋友道歉，请求其原谅。

如何实践

加入或创建男人小组。

多年以来，我们一直在同一个男人小组里。除了婚姻和家庭以外，这些肯定是我们生活中最重要的关系。我们约定好一个月开一次会，一年一次或两次集体去约翰的大牧场里，过一段离群索居的生活。它的好处远远大过定期会面。多年以来，在过生日、圣诞节、奥斯卡之夜等这些场合中，我们得以建立和加深友谊，这在很多方面滋养着我们。差不多我们所认识的每一个人男性，不仅具备了成熟的男人味，还是男人小组的成员。这是如此地难能可贵，对我们如此重要，是让我们变成清醒而成熟男人独一无二的催化剂，我们建议每一位男性都将此视作他们生活中的一部分。

找男人小组的一个好方法就是参加“人类新战士启蒙计划”周末聚会，它会在世界各地定期举行。一个周末聚会下来，你可以加入一个“i 群”，这样就能定期和小组里的所有其他成员会面。或者，还有许多各种小组，无须指定加入某个特定组织，小组成员就可以自发地组织活动。如果在你周围没有这类小组，把你认为关系最亲密的男性朋友聚到一起，创建你自己的小组。

成功的男人小组关键要有章法。如果聚在一起只是为了玩，或秀一秀六块腹肌，或想到什么就说什么，或许会很有意思，但是收到的效果可能不同。男人们一旦有章法地聚在一起，它的作用自然就在于聚会内容要深刻，彼此要据实相告，使你回归男儿本色，觉知自己的使命所在。与男性定期会面，使你们在生活中互相帮扶，使你对生活充满希望，并鼓励彼此发挥出自身最大的潜能。小组中的每一个人越是能够多多少少意识到使命感，这个小组的力量就越强大。

一旦你把关系不错的朋友聚在一个小组里，你们就可以建立适合自己的一套章法。我们建议，小组如果没有组长可以轮流当组长，即，每一次小组见面，组长都不同，小组成员轮流领导这个小组。固定地让一个人当组长可能使组长以及其他小组成员从小组活动中的受益有限：它会产生一种等级观念，而这种观念正是如今我们要甩掉的。小组人数最好在十至十二个。会面可持续两到三个小时，一周一次或一个月一次。

如下章法，供你参考：

固定小组开始时间。

强调一下准时的重要性，如果一个人迟到了，那将是集中谈论遵守诺言的重要性的良机。你们可以集体沉默几分钟，然后再开始。在我们的小组里，我们会闭上双眼。这个时候，你可以冥想、内省、祈祷，以这种方式开始排除外界的干扰。男性心灵最大的优点之一就是，只要我们想，我们可以在短短几分钟内，让自己远离外界的纷纷扰扰。沉默时间结束时，放一首歌听或者响铃。

签到。

从每个人依次签到开始。每一个人有几分钟的时间（可以利用手机里的计时器卡点），简单地说下生活里的事情。这一轮非常重要，不允许打断他，不允许反馈，不允许开玩笑。优秀小组要讲纪律，学会如何深度倾听，不去打断别人的发言。签到阶段，如果小组里有人遇到麻烦，正需要小组的支持，你将会感觉到。

支持。

并非每一个人每一周都需要支持，但经常是一两个人需要。可能是感情被搁浅，资金或工作遇到麻烦，健康状况堪忧，或者是尚未解决的难题。需要有人支持的男人，先进行五分钟的发言，还是不要打断他，让他谈谈遇到了什么难事。计时器可以让男人严以律己，保持专注，直奔主题。

当该成员结束发言时，沿着圆圈，每一个人都有一分钟的时间表态：对其表示同情、洞悉了哪些东西或提建议。再强调一下，用计时器卡点，让一切井然有序地进行，不用来来回回、翻来覆去地讨论。如果那人提出再多给他点时间，请保持沉默，倾听他的诉说，接受现实。很显然，我们要理解，避免站在自己的立场上去评判什么，更不要觉得丢脸。如果事情开始朝着那个方向发展，整个小组都要意识到，然后你们可以一起解决这个问题。

等到每个人都发过言，再次回到需要帮助的那个成员那里。现在，他将用两分钟的时间，回想一下对他有何帮助。这时候，他对自己需要采取措施去解决问题有了更加明确的判断，但是同时，对于没有产生共鸣的地方，他很清楚做什么事情完全没有必要。

引导活动进行。

等到每个需要帮助的人都如愿以偿地得到了必要的帮助，你可以利用余下的时间，让当时担任组长的那个人引导进行某种形式的活动。我们有时候会就某个话题一起谈谈看法。话题可能涉及两性、金钱、为人父、年龄增长。当我们谈论某个话题时，同样是在井然有序中进行。有人提供一个话题，然后，我们顺着这个圆圈，依次让每个人发表自己的看法，时间控制在两到三分钟。这在你看来或许有些不近人情，几乎像是在搞军国主义那一套。但这套办法的确有用。几十年以来，我们每个人都没有离开过这个男人小组，在任何情况下，我们发现畅所欲言、无限制的讨论可以让人兴致盎然，给人带来无穷乐趣。但是却不会像有章法的会面那样赋予男性深度，难免流于肤浅。

建立有章法的友谊

如果你是男人小组的成员，你还可以与特定成员进行一对一的会面。如果你没有加入任何小组，想想与你最要好的朋友，或者是你想与之走得更近的那个人。试试一对一的会面，有意识地、刻意地深化成熟男性特质。这类会面往往意味着有些事要两个人一起做：打网球或做其他体育运动、徒步旅行、作音乐。让友谊变得有章法的方法与我们上述的让小组活动井然有序地进行的方法十分相似。

一个人可以有五至十分钟时间，描述他认为有难度的或比较有挑战性的事情。另一个人则可以花五至十分钟时间对他的话进行反思或提出个人建议。另一个可以深化认识的方法就是，每个人用五分钟的时间评论另一个人。

> “我觉得在这一点上，你在阻碍自己发挥出最大潜能。”
>
> “你自己没有意识到的一点，我觉得是……”
>
> “我认为你能做的最大贡献就是……”
>
> “在这一方面，人们最羡慕你……”

如果你用十五到二十分钟时间一起以这样的方式练习，你可能抛开章法，深度认识水到渠成。这类问题将使你们获得共同进步。等你找到突破点——男人肩并肩，每个人对自身的认识加深，铭记自己的价值和目标——那么之后，如果你们的活动继续以不受限制的方式开展，知道突破点在哪里，所以深刻的认识不会消失。现在，展示一下自己的六块腹肌，或告诉别人那些让你获得乐趣的“无伤大雅的非法行为”，不用理会后果。

当男人与男人间以这种方式会面时，你要在得到确切无疑的准许下才能给对方反馈。否则，这会让对方感到你的行为带有侵犯性，进而在彼此心里引发思想斗争。假如你说话时使用上述稍有章法的语句，这明显是种默认。如果你觉得你有重要的，或许会对对方有帮助的反馈或建议想告诉他，要先征求他的同意：“你愿意听听建议或反馈吗？”

挑战

正如本章前面所描述的问题，女人们在一起时欢天喜地，因为她们互相支持、互相在乎、互相安慰对方已经足够漂亮，尽心尽力了。男人们则通过面临挑战而激发出对方最好的一面，但是往往要有一个大前提：接受彼此，并肩战斗。所以呢，加深与另一个男人的友谊的好方法，你可以明显地感到彼此之间的情义，就是互相设置挑战目标，要求在规定时间内完成。挑战要遵循一定的准则：

1. 对挑战的成功完成与否要有一个十分明确的定义。所以，比如“对人更加友好”就很难去界定。但是，像“你已经长达三个月没跟你哥哥说过一句话了，你要打电话给他，告诉他你是多么感激他”这件事，对于你做到与否，结果丝毫不含糊。

2. 完成挑战应有时间限制，要在一定的时间内完成。通常而言，五到十分钟就已足够。别给他一整天的时间只去完成一个挑战。

3. 两人要完全地参与其中。如果其中一人提出反对，认为这个挑战难度太大、违法、不道德，或会以某种方式伤害到别人，那么要尊重他的意见。如果男人拒绝接受挑战，那也并非暗示着他是个“差劲”的男人或是“不像个男人”。

当然，当两个男人以这种方式向对方各提一个挑战任务时，那必须是为对方量身定做的，来自自身的直觉和内在联系。

下面是一些例子：

当你下班回到家后，先静坐十分钟进行缓冲，再投入家庭生活中。进行气功晨练，一个动作保持十分钟。

一周之内，滴酒不沾。

一周之内，戒绝大麻。

周四晚上，带上妻子去外面的餐厅共进晚餐，一起看场电影。

打电话给自己的父亲,告诉他你对他为你所做的一切心存感激。

当你从外面回到家里时，抽出至少十分钟的时间，躺在地上，陪孩子们一起玩。

给成熟男性身旁的女性

当男人与其他男人聚在一起时，他们消遣的方式与女人们不同。这就决定了他与你在一起时，或许需要不断地进行自我调整。有时候男人交谈的方式，在你看来，很可能显得粗鲁，粗糙，伤感情。男人间以开玩笑的口吻说出来的话，在你看来，甚至觉得残忍，不厚道。

男人需要时不时地与其他男人们聚聚，让他们放松地做回自己。当你的伴侣恰好正有此意时，你要随他去。他有时候会想与你在空间上拉开距离，从而回来时整个人神清气爽，很想见到你，不断地思念你，想要显示出在你这里他的无可取代的地位。

把与男人同住一个屋檐下比作在房子里养了一条体形很大的狗。这条狗可能非常爱你，很快地学会了如何讨得主人欢心，让自己得宠而不受罚。你说坐下，它就坐下，等着你再次发号施令。这条狗如此地爱自己的主人，所以它懂得好好表现，如果你不准它跳上家具，它就按照你说的去做。但你也知道，你要不时地去公园里遛遛它。那时候，它会傻子似的随便乱跑，嗅嗅其他狗狗们的屁股，冲着其他的狗一阵乱叫，并与其他狗狗打闹。如果在公园里你能偶尔把拴着的皮带给它解开，它会非常快乐，回到家里时，你的狗将会表现得很乖。当然，男人与狗肯定是不一样的。

你所面对的是完全不同的两个物种。话虽如此，但是与你一同生活的是一个动物，而且是与你有着天壤之别的动物。就像那条狗，要有礼貌、举止得体，把自己收拾得干干净净，做这些事让我们很快乐，但是，我们也需要一些自己的时间，与其他男人在一起时，我们才能放下伪装，不受约束。

男人在一起时所谈论的很多事情，在你听来，却无聊得要死。男人们比较关心发动机、东西是如何构建的、足球比分，有时候是晦涩难懂的事实和细节，这些事情在你看来无聊透顶。同样地，你以及自己的好朋友们所感兴趣的许多事情，男人听着也觉得很没劲。有些对话只可能发生在你与自己的好朋友之间，不会发生在你与男人之间，因为跟他说会让你觉得心里不舒服。你觉得你必须用他能听懂的话解释一遍给他听。这就是你必须花时间与自己的女性朋友们聚聚，让他有时间与其他男人一起去消遣消遣的原因。

我们注意到，对于男人渴望和其他男人见个面时，女人对此一般会有三种反应。第一种反应是不满，她觉得他出去与其他男人小聚，跟她在一起的时间自然就少了。当你产生这样的想法时，你与他可以在他与他的朋友小聚结束之后，约定一个时间，共度休闲时光。

第二种反应是他们之间肯定有点什么事儿:“为什么不给皮特打电话，为什么不给大卫打电话，叫上他一起？”有时候，女人们觉得男人间的关系也应该像女人间那般亲密。但是，结果却跟预期不一样。男人间的交往方式与女人间的交往方式大不一样。请不要设法让男人发展更深的友谊。当他想要离开时，放手随他去吧，让他自行决定自己做事的方式。

有时当女人听男人说想与其他男性朋友一起出去消遣时的第三种反应是，使男人对如何深化友谊和与朋友保持融洽关系有深入了解。你的深刻见解使男人受益匪浅。总体而言，女人比男人更懂得如何建立长久的关系。女人们倾向于更懂得把握时机，恰到好处地或探病，或写封感谢信，或在对方并没有开口请求帮忙的情况下，她们也懂得适时地伸出援助之手。

当男人间发生矛盾时，男人往往不知怎么办才好，因此任由两人的心里产生隔阂，关系渐行渐远。这个时候，当你陪在他的身边，鼓励和支持他，让他想想友谊的难能可贵。然而，在给出你的建议前，最好能先问问他。如果他希望你能提点建议，那么这样一来，在如何处理与朋友的关系方面，你就可以帮到他，使他做出正确决定。

熟男手记

肯·德鲁克，畅销书作家

我搬到科罗拉多州时遇见了一个很好的朋友泰瑞，有幸在我年轻时与他拥有一段美好的友谊。我们当时都初为人父，都从事精神健康领域。我们热爱玩乐，喜欢享受生活，喜欢徒步爬山。恐惧之墙倒塌后，爱另一个男人的真正含义开始显现：就像是爱一个被领养的精神上的兄弟。我们倾听彼此，谈论挑战、痛苦、挫折、恐惧、失败，以及为人父的喜悦，还有我们现在从事的工作，怎样成为真正的男人，热爱做的运动。所有这些事情都让我们放下心来，开始了从未有过的与另一个男人的对话。

由此产生的亲密感让我明白我生命中最大的浪费之一莫过于错过和其他男人建立兄弟情。我们可以从其他男人身上学习，超越羞愧和自我意识，超越对失败的恐惧，以及任何阻止我们前进的事物。我们可以很激烈地竞争，但是我们也可以一笑了之，互相学习，热爱彼此。

从我和泰瑞的关系中，我了解到了爱另一个男人意味着什么。我们都是异性恋，但是我们喜欢拥抱彼此，我们享受被一个充满信任和爱心的兄弟搂在怀里的感觉。我们才不会因为友情的丰富而退缩，正是这种友谊开阔了我们的眼界和心灵。

和泰瑞的友谊为我理解男人之间纯真的友谊提供了一个模板。

不仅仅是成功。我们度过了非常困难、极具挑战的时期。他后来离婚了，并且搬离了这个地方。后来他再婚了，有一天他打电话给我说他被诊断出已到癌症晚期。所以我们友谊的终结篇是我帮助我的好朋友终结生命。我们决定去加州北部旅行，在那儿碰面。这是我们俩在一起独享的时光，我还记得我们手挽手在沙滩上散步，一起哭泣，一起放声大笑，我们之间有着美丽、神圣的联系。

他的孩子和我的孩子见证了男人相爱的样子。在这个男人之间保持距离，很少有男人拥有这样友谊的世界里，有了一段不只是一起打高尔夫的伙伴关系，而是有人了解他们的灵魂，了解他们所有的故事，而且知道他们的心为何高歌的友谊。

泰瑞去世前三天，我都和他在一起。我的生命中从未有比向我最好的朋友道别更艰难的事。他太虚弱了，去别的房间都需要我搀扶着他。但是在我离开的那天，他想要俩人在一起独处的最后时光。我告诉他我会帮他洗澡，我把他抱到浴室，帮他洗澡。我很爱他，真的万分荣幸自己做了这件事。他跟我说："肯，我们做得很好。"他感激一切，并说："我们有过争吵，还因为一些男人的话题和很多其他话题出现过分歧，但是我们俩一起走过了一段很棒的旅程。"他称赞这件事，我如今还享受着他的祝福。

Chapter 8
第 八 章
一诺千金，让你更自信

向自己及向他人许下为长期愿景服务的短期承诺，这一点对成熟男人保持健康非常重要。因为血液中有足量的睾丸素，所以让他可以不畏艰难险阻。当达成新的里程碑时，虽然微不足道且不费吹灰之力，但却能让他从名单上钩去一小项。然后他产生一种感觉："我搞定了那个问题。"成功。"完成任务"意识可导致多巴胺的分泌：他感觉很棒；他对自己产生信任感。这还能促使五羟色胺（愉悦情绪的信使）水平迅速上升，让他觉得自己有权放松。每一次他以这种方式达成一个里程碑时，都会钩去一项，不仅使他感到非常快乐，而且还能为他创造一个理想的环境，以便使其体内睾丸素含量得到补充。只有当他的睾丸素含量被耗尽时，他的身体才能通过放松恢复睾丸素水平。他需要不断地经历这些阶段：过五关斩六将、取得成功、自我感觉良好、有权休息和放松。这是一种良性循环，让男人的自我感觉越来越好，自信心不断增强，相信自己可以谋事。

顺便说一句，这和女人的情况不同。她可以在白天有很多收获，但是她不会产生太大成就感，也不会分泌睾丸素，这是因为她的体内没有睾丸素作怪。女人们的确也许诺并信守诺言，但是一般情况下，她们这么做只是出于发展和改善与别人的关系的目的。这也是女人们在职场的压力高于男人的原因，因为这种职场环境是男人一手打造出来的。整个职场环境的创造是为了满足男人克服困难后放松的特定需求。

许下短期可行性诺言并予以信守，男人体会到自己超乎寻常的伟大和力量。这使得被称为“网状激活系统”的大脑部分被激活，从而使他一门心思地研究如何才能达成目标。当他一本正经地做出承诺时，“我将为此奋斗；我答应你，我会办到”，这会刺激他无论如何都要坚持到底，获得别人对他的必要支持。

所有这些阶段对于男人来说都是必不可少的，因为这样一来，他才会对自己放心。他胸怀远大，志向不凡。他设定可实现的短期里程碑，并希望在当天就能实现。通过实现这些短期目标，一个接着一个，他觉得自己赢得了休息和放松的机会，以便为实现下一个里程碑养精蓄锐。

所以退休会让男人变得衰弱。保险公司表示，退休可大大地提高男人突发心脏病或死亡的风险。退休后生活重心没了，他的睾丸素水平随之下降。整个循环被打破，身体各方面因此开始衰退。

敞开心扉再许诺。当你敞开心扉，基于远见卓识而许诺时，你的承诺与保证是最好的。这也是为何在每一种文化中，婚姻都始于婚礼，象征着男女双方都希望彼此能白头偕老。婚礼现场美如仙境，每个人都穿着最体面的衣服——通常是专门为参加婚礼而新买的——美妙动人的背景音乐，各种美食应有尽有。一切的一切几乎要将你的心融化掉。然后，在所有亲朋好友的见证下，你说出誓词，庄重地对新娘发誓一辈子不离不弃。现在，每一次你想违背诺言的时候，你都会记起婚礼当天自己曾公开而明确地许下过对婚姻的誓言，许下要永远深爱对方的诺言，所以你才告诉自己不能食言。

阿尔让那说：本书中的资料是我和约翰共同搜集的，为此我们在他家进行过多次会面。我们把一切都进行了录音和转录。这为我创作本书打开了一扇窗，然后把这些资料整合到最终版本里。问题是，当这扇窗户在我眼前打开时，而我却在世界上最美丽的地方之一——瑞士。每天早晨醒来，我都面临着一个巨大的挑战：睁开双眼、活动身体和面对一个难以两全的选择。有许多声音在我的脑海里喧闹不停。爱运动的亚当想要在海滩上奔跑。懒惰的拉里不想起床。友好的菲尔想要找有趣的人一起喝杯咖啡。爱探索的埃里克则想要跳上摩托车环游海岛。当外面世界那么多的诱惑蠢蠢欲动时，没有几个人赞成坐在电脑前，待在室内，新写一章内容。但是，我与约翰在一起创作时的感觉如此美好，每次我一想到要信守承诺写完这本书时，我们共有的使命感和曾明确地做过的保证将我从诱惑中拉回来。

有时候，你会觉得有压力，感到不平衡，生气，害怕，或者麻木。然后你的心就变得封闭起来了。这个时候不宜做新决定或改变承诺。当你偏离诺言的时候，你也就失去了能量和活力。之后，只是简单地遵守诺言，表现出自己依然愿意兑现承诺，就能让你恢复平衡。这可使你再次回到当初——你心扉已开，信誓旦旦地许下自己的诺言。如此看来，信守诺言是一个有意识的实践，有意识地回到当初许下这个诺言时的情景，那时候你的心胸最开阔，大脑也最清醒。

并非每个人都能自始至终地与我们的使命和目标保持一致。当你说话算数时，你的状态很快地就不再是意志消沉，或缺乏活力、混乱和无精打采。它并不需要你改变你的心情或让你完美无瑕；而只需要你付诸行动。它变成了一种重新调整自己，让你最大程度地成就自己的工具。

当你坚持在正确的道路上时，正是你做出保证的时候，也是唯一一次你能改变承诺的时候。永远不要在你心理失衡的时候冲动地改变承诺。你将怀疑自己的直觉是否靠谱。

他拥有说一不二的行动力

当男人感到沉重的压力时，他或许不想理会或者改变自己的承诺，因为他忘记了目标，他只会说："我知道我说过要今天把它完成，但是现在我想推到下周再说。"当他那么做的时候，他的内在驱动力变弱，他并没有完全信任自己，他的问题会变得越来越棘手。这一点并不适用于女人。我们已发现，当女人感到沉重的压力时，她们对诺言反而紧抓不放，心理负担很重。她并不想让人们失望；她渴望建立良好的关系，不希望让别人对她失去信任。通过对承诺抓得更紧，她否认自己出现情绪波动，这样一来，反而使她承受更大的压力。

想要练出大块肌肉，你就要定期去健身房举重健身。当你健身时，你不会说："这让我不舒服。今天我不想练举重。"你承诺了要去做，那就一定要做，因为只有这样你才能练出大块肌肉。增强男人的内在驱动力同样如此：只许可以做到的诺言，然后去实现它们。一个人有没有内在驱动力的外在表现之一就是自信，思路清晰，拥有能够贯彻始终的巨大能量。有人干事情时自信满满，那是因为他们经年练习克服阻力，依照计划从容地进行，信守诺言，并实现预期目标。我们或许会想："有一天，我也会有他们那种自信，我也会行动起来。"但是适得其反。做你说过要去做的事，循序渐进，逐渐培养起自信心。

这并非不劳而获能带给你的，而是通过反复的实践练习，并进行实际应用，克服这个过程中的困难才会带给你的。你无须在某件事情上做到无懈可击，才能培养起自信心；你只需不止一次地克服阻力，做你说过要去做的事。这才是我们加强和完善男性化特质之道。

本书大多数的受访者说他们感到心灵在召唤。或许是你在退避的封闭状态下听到的，或许是在你祈祷时听到的，又或许是在老师或导师的指导下听到的。当你感到心灵在召唤你时，你会感受到一种神秘的力量，这种力量是头脑所无法理解的，但却是易觉察的。有些人或许会称之为“神”或“圣灵”，甚至是你深层次的人性本质。当你投入超乎常理的事情中时，信守诺言则意味着听从心灵的召唤。在这一点上，你男性化的一面负责做你说过要去做的事，而女性化的一面则易于接受由神秘力量所发出的、超出你所能理解的窃窃私语式的命令。

哪些因素阻碍着我们

如下是需要注意的一些人性的弱点，它们有可能构成我们英雄之旅途中的羁绊，阻碍我们更加信任自己，增加信守诺言的难度。

严厉的罗德尼

如果你从小接受的教育就是，什么样的诺言都要信守，那么你或许对凡事都习惯性地很严格，无视环境的变化而坚持进行到底，可能会让你不但没有让别人更加信任你，反而觉得你不太靠谱。你或许会为没有贯彻始终而感到羞惭、有损面子，受到指责，甚至于经受体罚。这种过度训练方式，使一个男人出于对惩罚的恐惧而非正直才会信守诺言。然后，无论如何他都能做到不逾矩，即使这种坚持对任何人来说都失去了意义。对于此类制约症状，有一个处方可谓是一剂良药：经常回顾自己曾许过的诺言，确保它们仍然服务于大家的最大利益，如果必要的话，进行修正。

流动的菲利普

有些男人生活在严重的制约中，有的男人则从来不把诺言当回事儿，不能善始善终。不管是哪一种生活，过分在意此时此刻的良好感觉，不仅让其他人对你说的话不再那么相信，而且也让你对自己产生怀疑。当男人成为自己眼中靠不住、脆弱的人，缺乏应有的自信，无法将事情坚持不懈地圆满完成时，他就会怀疑自己的存在价值和完整性。

这非常像吃冰激凌或蛋糕，开始吃时，味道很不错，但是当你日复一日地吃甜食时，你的满足感会不如当初。另一方面，如果你做出牺牲，戒绝冰激凌，转而改吃蔬菜和沙拉以及其他有营养的食物，这或许不能在当时就让你感到快乐，但是，经过一两周的坚持，你会觉得自己更健康了。这与你日复一日地做出信守承诺的决定是相似的道理。如果你是基于眼前短暂的快乐或尽最大可能地让自己感到舒服而做出决定的，那么这与吃冰激凌最开始的冲动无异。但是，长期看来，它的好处并不多。当你做自己说过去做的事情时，这或许让你感到不舒服，或者像是一种短期的牺牲，但是从长远角度来说，却能让你增强永远幸福的意识。

许诺过于频繁的奥利弗

做出承诺时，重要的是在一定时期内一定能够实现。试图向别人保证自己一定会改变一切，这不仅不会对你起到帮助的作用，反而还会使你变弱。这样一来，下决心的结果往往是男人失去自我信任，因为大多数人没有做到下定决心要做的事情。为避免这种情况的发生，在为事情做保证时，坚持“每天一保证，容易且可行”原则，这样才最好，然后无论如何都要做到。有支付账单障碍的人常常会谈“经济独立”，然后通过实施雄心勃勃的计划，使自己成为百万富翁。按时支付账单的人一般只考虑到下一步。以简单而可控的目标起步，说到做到，克服在此过程中遇到的阻力，增强你的内在驱动力和信心。

神经紧绷的史蒂夫

当你感到不知所措、烦乱、过度疲劳或生气时，是你最易放弃承诺，改变计划的时候，也是你最不宜做决定的时候。当你变得情绪化时，你的睾丸素储备少，雌性激素水平上升。如果此时做决定，它们可能会与你的长期愿景南辕北辙，会让你感到不堪一击，无法善始善终，因此感到自己更加弱小。情况变得无法想象。当情感失衡时，最好不做任何决定，而是进行高强度的身体锻炼，或冥想，或只是等待，待自己睡了一个好觉之后，再进行下一步。

爱找借口的厄瓜多尔

有时候，的确会有无法信守承诺的情况发生。尽管我们的想法是好的，但我们都是人。假如无法信守承诺，也没有必要啰啰唆唆地解释一大通。

对任何人都没有好处。假如时间本来就晚了，然后你被堵在了路上，手机恰好没电了，等等，那么，唯一有价值的信息就是你迟到了。用一个详细得不能再详细的故事，向别人解释你为何没有做到你说过要做到的事情，其实是在找客观原因。你首先要为自己催眠，然后才能将这个故事推销给别人。所以，你说服自己，告诉自己你的生活并没有掌握在自己手里。

我们两人都发现，女人讨厌男人找借口。男人时常想当然地以为她需要的只是充分的理由。其实她格外关心的是，你是否理解这件事会让她怎么想，你是否意识到你的行为对她造成的影响，而且她比较在意的是，你认为食言这件事情很正常。女人会认为，找借口的男人会得寸进尺，下次容易再犯。假如你没能说到做到，那没有好的应对办法，说什么都无益。除了克服，没有多少好的选择。许多事情可使状况恶化，而唯独找借口首当其冲。

一旦食言，就要格外关心对方的不安情绪。“真对不起，我来晚了，路上太堵了。我很抱歉，让你这么担心，产生这么大的情绪反应。”这种方式表示你与对方感同身受。你还可以说：“我感到十分抱歉，让你产生这么大的反应。实在对不起，让你这么紧张，这么没有安全感。”这样说找不出任何破绽。我们稍后会介绍一些能起到积极作用的说法。

没有定力的弗雷德里克

我们之前已在别的书里讨论过这一点，即我们如今生活的环境，既精彩又无奈。我们常常同时能感到注意力之间的拉扯，因此觉得身心俱疲，所以才觉得在白天的某个时候拉一个清单很重要。因为这个时候，你感到最平静、精力集中、思路清晰，当你处于这种状态中时，再制作一个清单，在清单上写下你保证要做到的事情。接下来就是去履行，慢慢地在已做到的事情前打钩，一个接一个地打钩，贯穿一整天。一旦你发现自己心有旁骛，最好能想出一些妙招，让自己重新心无杂念。做运动、喝水、呼吸新鲜空气，或者进行身体扫描，都将有益于你清理思绪。

如何实践

每日之计在于制定合理的目标。

一周一次，或者一个月一次，你或许能看到全局：你所选择投入精力的整个方向。这些或许是更宏大、更广泛的目标，比如与伴侣的关系更进一步，做一位优秀的父亲，完善网站建设，又或者是完成家庭计划。但是这些泛指的目标并不是指存在于每日清单里的目标。每一天，制作一个包括 5 到 10 项待做事项的清单，确保自己一天之内能轻松完成。如果你的工作是听命于人，那么，这 5 到 10 项待做事项与工作无关，且每一项或许只需要你花五分钟就能办到。为了培养自我信任，重要的是，每天制定几个小任务，完成后逐个打钩。

许多优良的任务管理系统或许会对你有帮助。最受我们青睐的系统是叫作“阿萨那”的任务管理系统。它既有线上版，也有手机客户端。无论有多少的想法和项目，你都可以把它们一概地放到这个系统里去，但是，需要对它们进行分类。“进行”表示当前正处于进行中的任务，你想要在近期完成的事项。你可以把暂时用不到的项目存在“后来”里。

直到你将这些项目放入“进行”中，它们才不再是隐藏状态。“今天”只能存储当天直到你晚上睡觉之前的事项。一定要格外注意放入“今天”类别中的事项，因为你要信任自己，在晚上睡觉之前，诚实地钩掉每一事项。

等你采用像这一类的任务管理系统时，让可信赖的朋友拥有软件权限是一个很好的主意。这个朋友可以是一位专业教练，或是一个同事，也或者只是一个铁哥们。你们可以互相帮助，使彼此学会担当。

先难后易

等到你对当天的任务做到心中有数时，看看哪一个任务是你最想拖延完成的。这很有可能是这样一个任务：对你好处多多，但不一定迫在眉睫。关于这个话题，博恩·崔西最有发言权，他的畅销书《吃掉那只青蛙》的书名恰到好处地反映了书中的内容。你或许还记得哈克贝利·费恩的故事。他说，如果你在早上先活吃一只青蛙，那么，你要相信，你今天不会再遇到比这更难的事情了。与信守诺言的看法相同。要保证，每日清单上至少有一项是富有远见卓识和激励人心的，并且是你成就你的伟大所迈出的一大步。先从那个任务着手。如果必要的话，早晨提前半个小时起床，专门用来负责最为重大的任务。

阿尔让那说：这也是我在创作本书时所用的办法。每一天，当我早晨醒来后，我都会照例地伸懒腰、冥想、填饱肚子。之后，我在处理邮件或打电话或开展任何其他任务之前，我会先花至少一小时的时间写书。如果你从事着类似的创意项目，要确保它经常是你去上班前（如果有必要）要做的头等大事。

庆祝胜利

每完成一项任务，无论多微不足道，都要给自己一个奖励。如果今天有十件任务要完成，能最快完成的任务只需占用五分钟时间（比如，发一封邮件），那么奖励应该简单而贴心。站起来，伸个懒腰，到外面呼吸一下新鲜空气，或者享用一些美味的小点心。当你完成较大的任务时，尤其是当你早晨完成的第一件事是“吃掉那只青蛙”时，充分享受“我做到了……我太了不起了……我简直是个摇滚巨星”这种感觉非常重要。然后就到了奖励自己的时间，奖励一个自己最渴望的礼物。礼物的范围很广泛，可以是与伴侣尽鱼水之欢，或者到咖啡厅或餐厅享用美食，或者可以去按摩店做按摩以慰劳自己。

很多男人会忽视庆祝和娇纵自己这一部分。对于一些人来说，这似乎不太“男人”。但是，当你理解了其中所涉及的大脑的化学反应时，你会发现用奖励慰劳自己也是一门学问。当你奖励自己时，你的大脑会释放出多巴胺和五羟色胺，使睾丸素含量得到补充。除非自我奖励，否则下次便没有相当的毅力去完成更艰巨的任务。

更改诺言

与以往任何一代相比，我们如今生活的环境都更加难以预测。在沃顿商学院，他们告诉学生，当你正式地步入职场时，你在MBA课程里所学的一切知识，都已过时。科技斗转星移，不同文化间的互相影响也很神速。全球金融结构如此动荡，你再也无法根据预定的策略进行。所以现在沃顿商学院强调，要做一个终身学习者，而非知识渊博的人。这要求你能够随着环境的变化，灵活地、聪明地、敏感地改变策略。保证至少一周一次，回顾自己的长期目标和总体方向。如果可能的话，在回顾时，有教练或可信赖的人陪在身边。在回顾时，重要的是内心安定、平和、精力充沛，并且正在践行着自己的使命与目标。根据自己掌握的新情况，重新评估整体方向。每一季度都可以进行重新评估，并且一次比一次深入。对于你来说，在此过程的早期，学会接受失败并放弃没有收效的某些方向，或许维护自信心和为成功而拼搏比盲目地坚持到底要更加重要。

食言时怎么办

每个人都难免遇到这类事情，比如遭遇交通阻塞、愆期或在时间有限的情况下同时进行多个任务。几乎肯定会有偶尔失信的情况发生，当这种情况发生时，你可能会让人失望，对自己的信任也随之减少。但是，很多方法可以让你渡过这些难关，以使损失降到最低，还能让你获得良好的自我感觉。

正如我们所建议的，不要为自己找借口。那些借口只会让你在受害者心理中越陷越深，并且对大家都无益。如下是一些小贴士，告诉你违背诺言时应当如何给其他人一个合理的交代：

我说过我会赶到的（或者说，我说过我会做……）。

我没有。

我感到遗憾。

我认为这会给你带来不便。

告诉我这给你造成了什么麻烦……

要我怎么做才能弥补你?

我不想用任何借口敷衍你。

重要的是我说过我会来/做这件事，我没有兑现诺言。

责任全部在我，我不想还有下次。

将来，我承诺做……以尽量不让这样的事情再次发生。

约翰说：我当时正在旧金山为学员们做培训讲座。当时正讲到兴头上，进入一种全然忘我的状态，我因此忘记了时间，也忘记了其他人的存在。所以，讲座拖堂了，我忘了向邦妮报备。我回到家时，看到她对我很是生气，而且很受伤的样子。我倾听这给她造成了什么麻烦（她为我做了一顿丰盛的晚餐）以及她的情绪是如何变得七上八下的。我确定她明白我真的在听她说话。我对她说："对不起。是我没考虑周到，感觉迟钝。"她点了点头。然后我又说："下一次我会请组织方帮我留意时间。如果我们拖堂，我会请那个人打电话告诉你一声。我的确去了一个没有多大时间感的地方，我本来认为这仅仅是我一个人的事情，现在我意识到这种想法太不切实际了。"邦妮放松下来，并还我以微笑。如果我编一个有关运气差劲的故事搪塞她，她不会像现在这样开心。

自我原谅

当你违背诺言，没能做到某件打过包票的事情时，你不仅仅需要向生活中的其他人说明失信的原因，重建对自己的信任同样重要。一旦男人习惯了不信任自己或认为自己"不可靠"，那么他会丧失自信，他体内的睾丸素水平会下降，贻害情感关系。因此，在一天结束的时候，如果有个重要的事情需要做而没做的话，坐下来——认真的——并且这样告诉自己：

我计划要做……

我没做到。

我的确完成了其他重要的事情。

我的意愿是好的。

我有眼光，而且我想给每个人提供最好的东西。

虽然在这件事情上失信了，但我要原谅自己。

我把今天的一切一笔勾销，明天又是新的一天。

对于那些在生命中奋力奔跑的人，有时候难免会摔倒。如果你已决定，像我和约翰一样，在这个世界上有所建树，你将不可避免地既要体会成功的喜悦，也要品尝失败的滋味。失败时，要振作起来，继续前进。当你凭直觉十分确信，因此而热血沸腾时，你有权失败。

给成熟男性身旁的女性

我们所共事的大多数女性都说，她们想与可信赖的男人在一起。对于一个男人来说，不仅会说到做到，而且还据实以告，这是让女人得以放松和敞开心扉的最关键的因素之一。当然，明智地选择一个具备基本的正直品格的男人很重要，但是作为女人，你也可以做很多事情，激发出男人身上的这种品格。

告诉他说出真相很安全

约翰说：我的一位培训教练客户，当时正处于同居状态。他结过婚，并且有孩子。有时他想要花些时间陪前妻和孩子，但是他总是骗女友说："我与同事在一起。"他告诉我，他之所以向女友撒谎是因为，假如他说"今晚我要去外面见前妻和女儿，全家人团聚团聚"，她会非常吃醋，胡思乱想一通，生他的气。这样一来，他觉得他不能把真相告诉她。

男人对你说谎或隐瞒信息时，他们心里并不好受。他们害怕，告诉你真相会有严重的后果，所以他们才会对女人说谎或者隐瞒某些信息。男人有时会害怕女人的反应。当女人的情绪出现戏剧性的变化时，男人记得下次不告诉她实话。关键是告诉他你的感受，暴露出自己脆弱的一面。这样一来，会拉近彼此的距离，他会更加愿意对你敞开心扉，坦诚相待。

唤起他较深层次的正直品格

在感情关系中，每个人能轻易地建立起层层心防，被伤得千疮百孔。但就在那之下，你像剥洋葱似的想扒开看看时，他很可能也想亲自看看。你想让他对你诚实、信守诺言、坚持到底并有所建树吗？这些事情同样可以使他获得良好的自我感觉。你们两人的诉求重合了。

所以要经常提醒他，你有多爱他，并且是多么地欣赏在他身上看到的那些闪光点。

有时候或许需要你对他凶一点儿。阿尔让那说：我记得许多年前，也就是我们刚结婚那会儿，我的书《显而易见的大变革》进入收尾阶段。

那是一个异常雄心勃勃的项目，涉及170场采访和大量的研究。我一生中最美好的几年岁月都被用来完成那本书。一天一大早，我与查美利正在享受晨间时光。然后我对她说："我得走了。我要去忙写书的事情了。"我看到了她眼神里微微流露出一点羡慕。她的骑士现在要去杀龙。走在走廊里时，也就是从我们的卧室走到我办公的房间，我发现亚麻色碗橱的门半开着。当我试图把门关上时，门则紧贴在实木地板上。没有丝毫犹豫，我走到车库，从那里拿了几个锯木架和一个电锯。我将门从合页上拆下来，以从底部锯掉四分之一英寸。

当锯东西的噪音传到卧室时，查美利走出来。在她的眼神里已看不到羡慕的目光，那里换成了熊熊燃烧的小火苗。"你在干什么？"她问道。我骄傲地宣布我在修门。为了我们……宝贝，像一位顶天立地的英雄。"你疯掉了吗？"她对我咆哮道，"停止浪费你宝贵的时间吧。去办公吧，去完成自己与生俱来的使命吧。"

并非每个女人都能适应这种沟通方式。当然，并非每个男人都对此曾有过心理准备。但是我必须告诉你，结婚十三年来，这一刻我最强烈地感受到爱、付出和支持。在那一刻她让我看到，她看进了我的灵魂，包括我的最大潜能及容易分心的习惯，而且她愿意为成就自己的男人赴汤蹈火。试一试唤醒男人的最大天赋，看一看它会怎么发展。

问清楚

当你看到他心不在焉、不在状态时，他的心情很可能已经乌云遍布了。此时并不是你拿话揶揄他，说他是个失败者、弱者，或令人生厌的时候。恰恰相反，你可以向他提出请求，让他做些力所能及的事情。这样一来，他的睾丸素水平上升，因此他的心情自然变得舒畅。如果有他能帮上忙的事情，你要清楚地告诉他。

“车库里有一堆箱子特别碍事，妨碍我从车库进进出出，你能不能帮我把它们移开？”当男人感到做事没有积极性，失去运气时，很乐意接受他能够办到且还能让你快乐的任务。

如果他答应了回去做，但是碰巧忘记了，好像从来没有问过他一样地再次去开口请求他帮忙，胜于攻击他的弱点。提醒他你请他帮忙的原因，说：“这真是帮了我大忙了。”失败不会激发男人的积极性；成功会，尤其是要是他知道在某些不起眼之处，他的成功会使你更加快乐的话。然后，当他做到时，一定要承认他为你做的事具有非凡的意义。当女人请求男人做自己有能力完成的事情时，不仅让彼此之间的爱更加甜蜜，而且还能激励他使一切重回正轨。

不要自责

如果你怀疑丈夫对你撒谎或隐瞒重要信息，或是你觉得他有外遇了，请一定尊重你自己的感受。作为女人，流向大脑中负责情绪（因此也控制着直觉）部分的血液量远多于男人。这或许过于俗套，但大多数人都认为女人的直觉向来很准。如果你对某件事情起了疑心，但是之后明白过来，只是自己反应过度而变得神经质，这种事情能把你逼疯。

阿尔让那说：最近有位男士联系我，说想让我为他们夫妇二人提供指导。他告诉我（保密地），他多年以来一直有外遇，但如今与那个女人断绝关系了。他说妻子产生疑心了，但是又没有证据。他想让我指导他们，目的是平复她的情绪，让她不再那么“疑神疑鬼”。不幸的是，这已经不是我头一次听到有男人提出此类请求了。他在撒谎并且和别的女人搞外遇，但是他认为这只是她太过于情绪化的反应。我告诉他我可以帮他们，但是不能以他所暗示的那种做法。相反地，我指导他学习诚实以对和直面后果的实践方法。不论是在身体方面，还是在情感方面，我鼓励他说出自己的真实感受。在此过程中，她的情绪出现过一时的大起大落。指导课程大约持续了一个月，然后这对夫妇之间具有戏剧化色彩的事件就画上了一个圆满的句号。一旦他决定对她诚实时，她就变得放松了，最终她原谅了他。她越是放松，他就能越诚实。现在他们的家庭重新回归和睦。

作为女人，请你尊重直觉。当你觉得事情“不对头”时，用理智说服自己并不会让你感到快乐。相信自己的直觉，诚实地对待这些感觉，然后想办法让男人对你诚实，免得生出旁枝末节。

熟男手记

伊凡·米斯纳，BNI[1] 的创始人

作为男人，信守承诺极其重要。integrity 这个词来源于拉丁文，意为完整。我认为重要的是理解完整是适用于自己的标准，而不是用来对付他人的武器。

---

① BNI：Business Networking International，世界知名业务引荐平台，创始人伊凡·米斯纳被 CNN 誉为“现代商业网络之父”。

我女儿卡西八岁的时候在学校做了一个工艺品——一个清洁工。我们家族一直有一起吃晚饭的传统，大约在晚上六点。我们会问彼此："你今天学到什么了呀？今天碰到什么有意思的事了吗？你喜欢什么呢？"卡西把她做的清洁工给我，她给清洁工起名鲍勃，告诉我这是专为我制作的。孩子们总是给予我们东西让我们赞扬她，表达对她的感谢，所以我随口告诉她："我会随身带着鲍勃。"她很感动，我也必须确保自己信守承诺。

我过去经常旅游，现在也是如此。去年我在路上的时间就有26周，有时候时间更长。我在周游世界的时候都带着鲍勃，我都不确定卡西到底知不知道我在这样做。我把鲍勃放在我的公文包里。某天卡西有一个典礼，但是我无法参加，我感觉很愧疚。所以我拿起相机，在镜子面前给我和鲍勃拍了一张照片。我说："爸爸和鲍勃希望你在典礼上一切顺利。"她爱死那封邮件了。她讶异于我在周游世界的时候还带着鲍勃，所以我以后每次去哪都会问问身边的人："您能帮我和鲍勃拍一张照片吗？就在埃菲尔铁塔旁边。"然后我会把照片发给女儿。

有一次我让佩妮·鲍沃尔帮我在吉隆坡的双子塔前拍张照，我当时手里拿着鲍勃，她问我这是什么，我告诉她说这是鲍勃。她很好奇我为什么怀里抱着清洁工，然后我就告诉了她整个故事。她帮我拍了照，然后问我可不可以用她的相机给我和鲍勃拍张照。我答应了她，之前没人让我做过这种事。第二天在演讲中她就讲到了要与人建立联系，以及建立联系的重要性。屏幕中出现了我和鲍勃的合照。她说"这是伊凡和人建立联系的方式"。然后她向大家讲了鲍勃的故事。

我最初只为信守对女儿的承诺，后来逐渐变成了一种行为。鲍勃出现在我的脸书主页上。无论我去哪，总有人问：“你带鲍勃了吗？”如今我已经随身带着鲍勃几十年了，女儿也知道，因为我每走一处，总有人帮我和鲍勃拍照。她能看到我的脸书封面上都是鲍勃的照片。

Chapter 9
第九章
越强大，越幽默

在创作本书时，我们发起了多次针对女性的投票：她们最看重成熟男人身上的哪些品格？最常见的答案就是：“他会逗我笑。”并不一定等于他会讲笑话，或是他很有趣，而仅仅是“他会逗我笑”。出于兴趣，我们也向男性朋友提出了同样一个问题：“在你们看来，女人身上的哪些品格最有魅力？”很少有男人说想找一个会逗他笑的伴侣。

这被认为是种令人讨厌且不酷的一件事：试图分析何为幽默。虽有虚张声势之嫌，但我们正打算“以身试法”，但是不是在自己家里这么做，因为这太“危险”了。

成熟的男人懂得如何将内在性格中的幽默感，而非任何特定行为或话语，应用于实际状况中。他懂得在自我个性与可拿来自嘲的生活的戏剧性之间留有足够多的距离。他不是一个爱计较的人，他不但不会感到忧伤，反而看起来云淡风轻。但这不是通过读一读说明就能装出来的。它源于异于常人的智慧，所以能够预见戏剧性场面的发生并且感知到天意弄人。

你若能在“参与”与“超然”之间恰如其分地实现平衡，那么你就能将欢笑带给人们。因为你深入地参与其中，所以你才会产生共鸣、倾听、感受。但与此同时，你又能与之拉开距离，超然地看到它幽默好玩的一面。假如参与得过深，那你就会过于富有同情心，容易大喜大悲。而假如过于超然物外，你又会变得漠然而孤高。当两者兼具时，你就能将欢笑带给周围的人。

当然，幽默也分很多种。有时候，幽默是为了掩盖内心的痛苦，因此变得玩世不恭，甚至变得残忍。这并不能让人们向你敞开心扉，只能让其获得一时半刻的轻松感。这种幽默是他送给其他人的礼物，展现成熟男人的个人魅力在于自嘲。我们的受访者对此都有自己的看法，我们最喜欢我俩共同的朋友伊凡·米斯纳的故事：

> 当我人生的第一本书出版时，我有幸接受电视台访谈直播。公关人员告诉我，必须形象化。我根本不知道怎么把人脉关系说得形象化，所以我要动脑筋好好想想。我是业余魔术师，是洛杉矶魔术师组织好莱坞魔术艺术学院的成员。这里的关键词是“业余”。因此，我向公关问道：“我在直播现场变个小魔术怎么样？主持人拿着书，当她翻开书时，我可以一下子把书夺过来，说：‘小心烫到手！’书被点着，然后……”她同意了我的计划。
>
> 我去往演播间，并且在休息室等候，对变魔术胸有成竹。其他嘉宾也在。我紧张得要命。然后我看到一名男子从走廊那边缓缓走来。从穿着上看他像印第安人，另一名男子的着装风格则像是水手，还有一人看着像是警察。听到开始提示后，主持人宣布：“今晚，我们请到了村民组合（Village People）……还请到了伊凡·米斯纳博士，请他给我们讲一讲商业人脉关系……”
>
> 真的吗？我心想。我在村民组合之后上场？所以我又往道具上多加了些可燃粉末，必须出彩才行。然后，村民组合的现场秀

时间开始。观众们都沸腾了。我想这次可能要出丑了，所以我再次往道具上多加了些可燃粉末。村民组合献唱的最后一首歌曲叫什么来着？YMCA。形象化谈……全场观众全体起立致敬。现在我明白，这将是我人生中最尴尬的一天。我又往道具上多加了些粉末。然后，导演来到休息室："哪位是伊凡·米斯纳博士？您越快做完越好。"他们告诉我，直播正式开始前，我只有三分钟的时间。一位男子把麦克风夹在我的上衣后襟上。我试图先把魔术解释给主持人听听，免得到时候把她吓到。"采访结束时，你能否拿着我的书，当你打开时，我会说：'小心烫到手……'"但是后来被导演打断了，他说，他不想让书出现在镜头里，屏幕上会放书的图片，然后他就走开了。主持人看出了我的不安，说："嘿，我才是主持人。您有何计划？"

我告诉她："拿着书，最后，我会说……"但是此时麦克风已被开启，导演可以听到我们两人讲话的内容，所以他直接来到我们面前，说："你不要拿着那本书。预备，4、3、2、1……"

主持人对我说："我还是会那么做的。我拿着书，接着就看你了。"

所以在主持人的配合下，我们完整而成功地完成了魔术表演。访谈接近尾声时，她拿着我的书："我手里拿的是米斯纳博士的作品的副本。"她说。"小心！"就在这个时候，我说道。

"为什么呢？"她问。

"因为它很烫！"我说。我在书中加了比正常标准多十倍左右的可燃粉末。火苗一下子就起来了。她大叫一声，跳到了另一位主持人的膝盖上。有人试图用灭火器扑灭书上的火苗。我没想到像这么小的火花会让摄像师们睁不开眼。所以他们都扔下摄像机，跑到远处揉眼睛。

主持人仍然坐在另一位主持人的膝盖上。“谢天谢地，我不是在访谈现场直播里发的誓。”她说。

“请为她换条新裤子”，另一位主持人开口了。

我的公关人员看着我说：“的确很形象。但是我认为我们应该离开这里了。”

所以，在美国的大多数州里，我被认为是一位商业人脉搭建专家。而在纽约州，人们则视我为纵火犯。

我们不止一次地听伊凡讲起这段故事。观众们都爱他，因为他凭此自嘲了一把，将欢乐带给了他们。而最有趣的是观察伊凡的妻子贝丝脸上的表情变化。每每讲到这个故事，他都能让她倾心于他。她喜欢他这个样子。

在两性关系中，这种自黑式的幽默能够打破支配与被支配关系中的紧张气氛。它让人的心情渐渐缓和下来。许多男人感到左右为难——要不对她百依百顺，努力讨好她；要不决不妥协，把与她的关系搞得紧张兮兮。幽默可以化解这种紧张感。只是一味地付出，或者绞尽脑汁地讨好女人，这样的男人得不到自己女人的尊重。他好比一只小公狗。反过来，以自贬式的幽默回应她的要求，胜过言听计从，使她心情轻松明快。

当你对她的需求与感受十分敏感时，她会感激你，但是当你过于在意自己时，男女之间的吸引力就会降低。放纵与克制的中间地带是使她感到放松，博她一笑。这提醒她，生活是一场游戏。为了获得更多的乐趣，你们需要默契与放松：紧抓不放和一起放手。爱的作用力有两种。当女人抓得更紧一点时，感情关系历久弥新。她对戏剧化情节参与感更强、更有感觉。男人则使戏剧化色彩变淡：放开一切。催产素这种荷尔蒙会让女人对男人产生依赖感。而睾丸素则让男人懂得放手。这是一种套路。先是她紧抓不放，然后放开。他让她不再那么一根筋，以便让她重新发现自我。她放下之后，他进一步靠近她一点。通过男人的幽默感，更加亲密与紧抓不放之间的这种套路，与超然和放下相称，令人感到高兴。

他用幽默破坏压力循环。改变往往或多或少地使人紧张。

适度的压力，让女人更情绪化，让男人更超然。肾上腺素引起男人体内的睾丸素水平上升，降低情绪感知力。对女人而言，流向大脑中负责情感的部分，即海马体的血液流量是男人的八倍之多，所以她在压力下更容易变得情绪化。

在巨大的压力下，情况正好相反。当压力过大而无法通过行动解决时，或当他感到身体被掏空时，这些情况下，男人会变得情绪化。在巨大的压力下，女人会关上心门，变得冷淡超然。

当你为她带来幽默时，你就帮她发现事物好玩又有趣的一面，使她释放压力。但是你要敏感地发现时机，懂得何时显露出同情心，何时拉开适当距离。身处适当压力之中，当你觉得更加超然，而她更加情绪化时，你的幽默感可以帮她反省自己的反应，让她在笑声中得以释放压力。面对的压力过大时，你做出情绪化的反应，而她变得冷淡疏远，此时，幽默感不太合时宜，她的反应是拒绝。那就是你对她表达同情心的时候：关怀她，与她感同身受，帮她再次敞开心扉。

男人之间的幽默

男人之间觉得好玩的笑话与讲给女人听的笑话之间有着天壤之别。我们经常对其他男人说些听起来很无礼的话，但是我们从来不计较这些，所以只当笑话听。这为我们与女人之间的相处打下了一个良好的基础，当她挑剔我们时，我们不会为此生气。但是你若以“开玩笑”的态度对她说些不该说的话，通常不可能让她对你敞开心扉。

阿尔让那说：前几年，我获邀参加于7月4日举行的烧烤晚会，当晚还有烟花表演。这是一次邻里聚会，许多家庭在湖边齐聚一堂共享美食。刚到那里，我就看见与我关系最好的一个朋友正吃得不亦乐乎。一个陌生女士来到我面前，欢迎我来参加这场聚会。之后她向我的朋友介绍我，不知道我们两个认识。“阿尔让那，这是拉里……”

拉里与我以我们习惯的方式互相打招呼，我上前与他握手，说：“哇，你真是个丑八怪，是不是？”这本是我们之间再正常不过的一句玩笑话——男人之间说话的方式。没想到，那个女子把本来拿在手里的盘子掉到地上，惊声尖叫。男人们聚在一起时觉得很有意思的事情，在女人们看来往往一点儿都不好玩。

对许多人而言，学习自嘲的实践或训练或许并非自然而然就能掌握的技能。但好消息是，我们男人是高度可训练的，甚至就像曾经的我们那样严肃、书卷气、紧张兮兮的男人，经过一定的愉快练习，仍能学会如何让女人为你敞开心扉。

哪些因素阻碍着我们

我们都会遇到这样的情况，大大小小的声音阻碍你幽默地自嘲。

野心勃勃的阿尔弗莱德

当我们热衷于想要赢得比赛时，生命变成一场自我证明，我们失去了对比赛的洞察力，而不是将其单纯地看作一场比赛。一个男人若过多地谈论自己所取得的成绩和成就，他很少能通过幽默感让人敞开心扉。他会自我保护，维护自己珍而重之的声誉，而幽默的那一面不再。他成为其他男人茶余饭后的谈资，而不是为我所用。强烈的使命感和创造私人空间与制造距离的能力混杂在一起，使他对自己也是一种开玩笑的态度。

自以为是的罗伯特

作为男人，我们每个人有时想要证明自己是正确的这种劲头。这是家族大家长留下的后患：他对所有问题的看法和至高无上的权威不容置疑。当我们倾向于想在一场争吵中说最后一句话，或想证明自己是对的时，我们用幽默敞开别人心扉的能力就消失殆尽了。但与此同时，在一场激烈的争吵过程中，幽默感可能是成熟男人消除紧张气氛最好的礼物。

同情心泛滥的伊曼纽尔

懂得感同身受、同情他人的男人，会成为一个伟大的倾听者，有一个坚实的肩膀可以让你靠着哭泣，但是过多的同情心会阻碍他施展个人的幽默才华。作为对教条且专制的祖祖辈辈遗留下来的旧时大男人主义定见的一种反应和补偿，许多男人同情心泛滥。当别人认为你确定无疑的是个好人时——握着别人的双手，深度倾听，意味深长地看着对方的眼睛，从不批评人或对人施加压力——你或许也变成了那种好心办坏事的人：你的支持变得无济于事，另一个人继续身陷纠葛之中。当除了同情心以外，还有适度的超然和不把事情看得过重的能力，男人的幽默感便能发挥出来。

戏剧女王德斯蒙德

当我们没有足够的私人空间时，尤其是较长一段时间以来，我们会进入倦怠状态，第一种症状就是我们失去洞察力和幽默感。正如上面所提到的，当男人稍微有点压力时，他会变得更加以行动为导向，不会喜怒无常。当他的压力超过一个能承受的限度之后，他就会变得喜怒无常。当男人的身体储能低于正常水平时，就不可能指望他表现出幽默感。

醍醐灌顶的埃里克

最不可能对自己蒙混过关的男人有可能就是那些自认为“不食人间烟火”的人。当我们强调心胸宽广、超然物外、尽量多做冥想时，我们也将失去趣味性。能够认真地玩乐需要参与和超然这两者兼具。

只有超然，没有参与，我们很快会变得过于严肃和枯燥。

如何实践

与朋友共同面对挑战

阿尔让那说：在唤醒教练培训中，我们建议使用一种简单而有趣的方法，迈出第一步，以不把自己太当回事。与三五好友聚在一起，带上一个摄像机，为彼此定下小挑战，并且保证这些小挑战只有你们在一定的超然状态下才能完成。至于完成标准的高或低则由你说了算。一起去一所城市，那里要有熙熙攘攘的人群。然后给每个人设定一个可以在几分钟之内完成的小挑战。例如，他可以去一个人们正在载歌载舞的地方。他甚至可以邀请一位陌生人跳舞。或者，他可以走近一对老年夫妇，张开双臂，睁大着眼睛，大喊："妈妈？爸爸？"一旦你掌握了这个要点，你们可以想出无数有趣的实践，帮助彼此做到不把自己太当回事。用摄像机或手机记录下这些实践是一个很棒的想法。之后，你可以把视频分享到社交网站上，改掉习惯性严肃这一性格，同时还能扩大朋友圈。

多年以前，我有一位客户，是一所规模较大的大学里的一名教授，来找我做教练培训。他是国内屈指可数的业界权威人物。他在家里的十一个孩子中最年幼，从小到大经常被欺负。所以他刻苦学习，当上了大学教授：一个极其严肃的男人。他在这种身份里苦苦挣扎。他对太太、对孩子，甚至对所有人都是一副严肃的表情。他的生活完全像是一杯白开水。他来找我做教练培训。我们借助一个叫作"彻底的释放"的工具进行这一培训，但最终我们迫切地想看一看效果，想知道他不严肃时是什么样。他将在大学礼堂里做一场演讲。我向他建议，演讲开始之前，去服装店买一条尾巴，像一只猫的尾巴那样，然后粘在裤子后面。

他走进演讲厅，开始做演讲，像往常一样地面对着学生们。但是之后，在某一时刻，他需要转身往身后的白色书写板上写字。学生们开始放声大笑。他们纷纷拿出手机，为教授的尾巴拍照。他要做的不是对此说点什么，或者做出某种回应，而只是继续演讲。通过那件小事，他彻底打破了自己的身份限制，不再是那个表情严肃、精神紧张的大学教授。

让你感到最窘迫的时刻

就像伊凡在本章前面所做的那样，想一下你生命中最窘迫的时刻，练习将这些时刻编成伟大的故事。当你懂得自嘲时，你就找到了走进别人心里、用幽默打动人心的最佳途径。一个自贬的故事，如果讲得好的话，会使人发笑，会使人和你一起笑，会使人爱上你，而且这是同时发生的。

饰演角色

在两人关系或家庭关系中注入更多幽默元素的一个极佳方式，就是你愿意将自认为最严肃拘谨的那一面赋予迪士尼卡通人物。一天之内进行不超过五分钟的角色扮演。就像顺势疗法：小剂量大疗效。比如，或许你会发现，自己在家里上上下下忙着操持家务时会变得严肃拘谨。你想按照自己的方式做事。像这样的时刻，你可以花五分钟的时间扮演“指挥官”，说话带着一口浓重的德国口音，虎视眈眈地盯着别人，厉声命令。

如果你能演得过火一点，那么一言一行都会成为乐趣，它变成了一种艺术形式，而非什么严肃的事情。如果你常常为人太过拘谨、太过情绪化，那么你可以将之夸大，并且饰演五分钟的戏剧女王。当你嫉妒时，如果你变得严肃拘谨，那你可扮演那位来自西西里的爱嫉妒的情人路易基。如果你可以在一天里抽出几分钟的时间，与家人一起，把自己身上最严肃拘谨的那一面表演出来，那将是你展现幽默的最好方式之一。

单口相声演员

作为男人，如果你想在生活中妙语连珠，一个很好的方式就是看单人脱口秀。走心的幽默又为其增添了别样的风趣。你不可能靠一字不差地照搬操作步骤学会充满风趣，但是你却可以在风趣的人的影响下使自己变得幽默。互联网上从来不乏优秀的单人脱口秀，并且常常是短小而精悍。可以看看已故大师罗宾·威廉姆斯，或杰瑞·宋飞，或拉塞尔·布兰德，或艾迪·伊扎德的单人脱口秀表演。每看一段视频，暂停一下，留心自己的感受。它是否已让你敞开心扉，使你感到更轻松？还是损人的幽默？如果是一场现场表演，观察台下在场女性观众们的反应。有些笑话会逗人发笑，还会让人感到稍微的恶心和尴尬。有些笑话会给人带来许多欢笑的同时，还会打动心灵深处，令人热泪盈眶。当你观看伟大的喜剧演员表演时，暂停一下，想想自己的笑点在哪里。自然而然地，通过该练习，你能凭借自己的幽默感让更多人对你敞开心扉。

给成熟男性身旁的女性

当男人打算用幽默为你放松心情时，他所冒的风险可能比你意识到的还要大。对于大多数男人来说，想要做到幽默风趣就要抱着不成功便成仁的心态。此时的他正如履薄冰，如临深渊。他要么成功地让你敞开心扉，打动你，让你轻松地度过这一天，这样他的目的就达到了。要么就是造成误会，以不快收场。之后，他感到自己很失败。

当男人主动大方地想用幽默逗你开心时，你也要尽你所能地放松心情。如若喜欢他，当他风趣地哄你开心时，你必须心甘情愿地配合他，尽量多地大笑。如若像一些女人那样的做法，扼杀或者揶揄他的幽默感，那你以后别再想抱怨自己的男人不会哄你开心。当他试图让你轻松愉快时，你要让自己变得轻松愉快。这是一些女人常犯的错，当她们情绪低落时，男人会选择做些有点疯狂或不寻常的事情哄她，但她却没会意。她很固执，迟迟不肯从中走出来，从此之后，他再也不会为此冒险。

幽默会让男人易受攻击。如果你想让他做一个诙谐风趣的人，那么，明确地告诉他你觉得他何时又诙谐又风趣。正如男人反复对一个女人说“你真美”那样了不起，他可以在一天之内不厌其烦地重复这句话，就是这样还嫌不够多，所以呢，你可以尽可能经常地告诉男人他多么风趣，他会喜欢你这样说他。告诉他“你真是一个风趣的男人……你逗死我了……”在他听来，字字句句都是在鼓励他。

对于男人来说，没有比抖出幽默的包袱却没有产生预想的效果更差劲的了。他一门心思地逗你开心，是他浪漫送礼物的一个方法。此情此景，你比我们更加敏感，你的心被这一戏剧化场面所融化，所以这是我们能为你做的事情，让你从故事外围看到其荒谬之处。

这对男人来说是你能为他做的最好的事情。你提醒我们去感受风景，活在当下，多闻一闻花朵的香甜，多看一看这个色彩斑斓的世界。同时，在紧急情况发生时，有我们男人做你的主心骨，你不会感到无助。

成熟的男人必须密切关注眼前的形势，敏感地判断何时其幽默感会派上用场，何时有可能碰壁，以便为自己做好进退准备。例如，如果你正为可能错过渡轮而心烦不已时，他说："别担心，我来搞定这件事。如果我们赶不上渡轮，那我还有一个B计划。在汽车后备厢里有一艘充气橡皮艇。"这或许使你的心情不再那般沉重，反而让你嘲笑自己庸人自扰。但是当你难过的原因是有人离世，此时并非开玩笑的好时机。成熟的男人必须密切关注眼前的形势，敏感地判断何时其幽默感会派上用场，何时却完全找不到笑点。

如果你觉得此时不宜开玩笑，请想办法善意地告诉他，而又不会伤害他的积极性。当你觉得时机不成熟时，你可以对他说："现在不是开玩笑的时候。你是一个有趣的人，我喜欢你逗我笑，我可以肯定地说，我以后还会被你逗笑。但是现在，我只想让你在这里陪着我。"

男人们在一起时，开玩笑通常不讲分寸，在你看来，或许觉得他们之间的那种调侃未免残忍而伤感情："你真是个丑八怪……开玩笑而已。"那样的玩笑通常对你并不奏效，但是我们常常忘记这一点。有种残忍而伤感情的幽默被用来掩饰难堪这类的场面。有种幽默可以减轻你的压力，通过自嘲，我们让你换个角度看问题，为你打气。高兴时就放开地大笑，当我们的幽默变得不善时，你可以直率地表现出来。成熟的男人可以掌握这两者之间的区别。

熟男手记

保罗·席列，学习策略[①]的创始人

扭转局势的关键之一是能够把它重新塑造成计划中的亮点，然后不断强调这一点。

我和妻子曾度过了人生中非常黑暗的一段时期。我们的二儿子约翰十八岁的时候染上了吸食大麻的恶习。我们毫不知情，他开始闯进车库，把里边能卖的东西搬出去卖掉，他还从朋友的父亲那偷了一批枪。这一系列行为足以引发严重的警报。特警队的人跑来搜查约翰身上是否有枪，他们不想冒险。

我们俩认识县里的法官，他签署的搜查令。他说："保罗和莉比人都很好，肯定是发生了什么事，不要破门而入，敲门就行。"特警队前来敲门的时候，莉比给他们上了咖啡。我们就是这样的人。我当时在英国培训，对这些事毫不知情。他们逮捕了我儿子，当时没从他那搜到枪，他们把他拖走了。

他在县看守所里关了几天。我发现让他出来的唯一办法就是直接去参加戒毒项目。我们想方设法想找一个好的戒毒项目，但是这么短的时间并不好找。后来我们找到了一个持续二十一天的住院治疗项目，离我们家有100英里远。我们想办法把他送到这个机构，并让他入住。

两天后我们去看他，见了这家机构的一个咨询师，想对这个项目有

---

① 美国著名咨询公司，1981年创立。

更多了解。她跟我和莉比说：“我希望你俩去参加互助会。”我们问：“我们不太明白，为什么去呢？”

她说：“你们要努力解决共同依赖症的问题。”

莉比看向我，说：“共同依赖症？我不是共同依赖症患者，对吗？”她这么问我让我崩溃了，这真的是一个患有共同依赖症的人会问的完美问题。“我是吗？”我很多年前听过一个笑话，共同依赖症患者有濒临死亡的体验时，其他人的生命会在他的眼前闪过。

听到这个问题，我立即看到了其中的幽默，我马上说：“问得好，莉比。如果我不再那么依赖你会不会好一点？”这时她明白了，笑了起来。从那天起，这变成了我们最喜欢说的话。

我儿子的状态很好，十一天内就出来了。他很棒，继续做着自己的事，继续念社区大学。他和女友关系还不错，后来结婚了，还生了一个儿子。他现在也找到工作了，所以他的问题被中止裁决，法庭记录也被删除了。

即使在最黑暗的时期，我们也能看到照顾自己的机会并成为有爱的存在。即使现在，约翰给我写父亲节卡片的时候都会说“谢谢您在我发现自己的过程中一直爱我”。幽默让我和莉比撑过了那段艰难的时光。某人有毒品依赖问题时，你并不是原因，你无法控制，也无法治愈问题。唯一可以做的就是照顾好自己，寻得内心的平静。

Chapter 10
第　十　章
成熟的男人，体贴的爱人

当今，男人们面临着前所未有的各种挑战。在极大程度上，在之前几代人中，男人很少关注女性的需求。他努力工作，体内的压力与紧张不断积累，然后，只要他尽职尽责地为这个家挡风遮雨，他自觉与妻子做爱是理所应当的。而女人则多半认为满足丈夫的需求是自己的责任，甚至是一种义务。今天看来这未免过于荒唐可笑。翻阅一下20世纪50年代以前的大部分文献资料，你就会发现果不其然。当威廉·马斯特斯和弗吉尼亚· 约翰逊以人类性行为为课题在圣路易斯华盛顿大学开展研究，第一次记载了女人达到性高潮时所经历的几个阶段，但是同事们却视之为淫秽而不符合科学原理。我们做出了长期的努力。

尽管我们仅用了两代人的时间就在理解性行为、尊重男女需求和愉悦方面取得了巨大进步，但是对于男人来说，这些进步反而使性行为变得比以往更加复杂和具有挑战性。为认识这一挑战，我们要理解生物学。

当男人被女人所吸引时，特别是一个自己不太了解的女人时，大脑就会分泌多巴胺，预示着睾丸素的分泌。他从中产生愉悦感，激发他采取行动，使他发现了生活中的目标和兴趣。睾丸素的作用之一便是反应更快：急性子。在紧急情况下，这会使更多葡萄糖进入身体肌肉中，所以他能够跑得更快。但是它也在男人出现勃起时，发挥调节作用。所以当男人处于兴奋状态中时，在荷尔蒙的作用下，男人会产生一种“我想要得到那个人。我想要去与她接近，甚至走进吸引着我的那个人心里”的感觉。睾丸素不仅能使他体验快乐，还能让他变得更加雄心勃勃。他想按照一垒、二垒、三垒和本垒打的顺序循序渐进。他想要的越来越多，越来越多，直到欲壑难填：这就是欲望的本质。然后，在性高潮时，一切都变了。影响性欲高低的一种激素——催乳素得到分泌，他想要翻身去睡。大脑分泌五羟色胺使他情绪高涨。由于男人常在做爱时才会躺到床上，而且房间通常比较暗，五羟色胺转化为褪黑素，因此一阵睡意向他袭来。在性革命以前，上面整个过程常常是在不知不觉中自动发生的。由于在遇到新伴侣时，多巴胺的分泌量如此之大，所以男人们往往会结婚生子，之后又另觅新欢。新鲜感令大脑中产生了这种化学物质，再次启动了整个循环。

如今，男人不仅发生外遇的可能性较大，网络情色诱惑使男人面临的挑战进一步复杂化。男人会看着情色视频进行手淫，视频播放着女人的裸体，甚至是一对男女在做爱。此时，多巴胺的分泌量远远多于经常过性生活期间的分泌量。手淫时大脑中产生的化学反应，与进行真正的鱼水之欢大相径庭。它变得像毒品，男人渴望一种越来越强烈、新奇而与众不同的体验，不断迫使多巴胺水平上升。从生物化学角度来看，看色情照片与服用可卡因的效果极其相似。

当男人与自己爱的女人做爱时，经历的生物化学过程完全不同。这可能是一个更加丰富的体验，但是与看情色照片的体验有着天壤之别。这就是他面临的挑战。由于新颖和风险元素消失不见，他的大脑分泌较少的多巴胺，所以他的性欲相对较小。当男人与亲密伴侣行云雨之事时，常常是开始时聊聊天，然后再与伴侣调情。双方或许在白天承受了过多压力，所以晚上她需要分泌催产素，以缓解白天积累起来的压力。为了为行云雨之事做好铺垫，她需要说说话，分享感受和调情。下一步是，温柔地触摸身体和爱抚。这样一来，女人和男人体内的催产素水平共同提升。这使他的睾丸素水平有所下降，他的性欲或许降低。然后他心想，我想做爱。我怎么会这样呢？解决办法之一便是使用药物，这也是“伟哥”及其他类似药物在商业上取得巨大成功的原因。没有大脑中化学反应的参与，而用药物诱导阴茎勃起。

关注她的需求。但是还有另外一种解决办法，而且长远来看，这种办法对所有人都更有利。男人进行有意识的性行为意味着承认性是两个人的共同体验。她体验到了愉悦感，他也体验到了，不过他的愉悦感来自深度。正如前面几章所描述的：当男人觉得自己有重要的事情要做，有任务要完成，尤其是一个对他来说有点挑战性或者需要忍耐和毅力的任务时，将促进睾丸素分泌。满足女人的需求，并最终让她达到性高潮，获得彻底的满足，不仅是她的胜利（显而易见），而且也是他的胜利。这种存在意识，即为别人谋福利，使催产素（从亲昵中产生的）和睾丸素（从忙要紧事中分泌的）两者达到平衡。

有种心理学现象叫条件反射（conditioned response）。如果男人做了一件事，但是没有获得成就感，那么等他下次再做这件事时，他的睾丸素水平就会下降。如果你出场时，人们都站起来鼓掌欢迎你，那么等到下次你再进入那个房间时，你的睾丸素含量便会在不知不觉中激增。如果你出场时，人们对你发嘘声或者无视你的到来，那么下次走到这个房间时，你的睾丸素含量就会下降。

雌性激素增高，不安感随之而来。在性方面，也是同样的道理。这是种条件反射。如果性生活中，你的伴侣在你这里得不到彻底的满足，一次又一次、一次又一次地如此，那么你的睾丸素水平必然下降。在这种情况下，你的阴茎勃起受到影响，从而成为一种恶性循环：缺乏信心对性反应产生负面影响，这进一步使信心受到打击。久而久之，你对自己说：“我费那个神干吗呢？”在网上找黄片打飞机，或者干脆再找一个陌生人上床，似乎更加有趣，而且要简单得多。另外一点，当男人意识到这种恶性循环并重点关注她的需求与深层次的满足时，反而变成了一种良性循环。当他能让女人高潮迭起时，他对自己充满了信心：“我做到了……我太厉害了。”这意味着下次再行云雨之事时，他将更加斗志昂扬，睾丸素分泌量更大，勃起更坚挺，而这又常常有助于让她更加“性福”，让他更加自信，皆大欢喜。呀哈！

从理论看，这显然不错，但是我们需要用实践去检验它的效用。当成熟的男人打算造个什么东西，或者想要征服哪座山，或者希望通过谈判达成某种协议时，如果成功，他感觉棒极了。这增强了他在这件事上的信心。现在，送女人达到性高潮的巅峰同样令他感到自信和心满意足。当然，这并不意味着每次做爱都要让她达到高潮，那样可能会变得偏执。而是意味着他重点关注她的需求和她的身体结构，并且在意的是她在性生活中通常都能得到深层次的满足。

在本章的实践部分，我们将向你介绍“男欢女爱”的魅力。与本能的生理需求相比，“男欢女爱”稍显得更有章法，而且并非对每个人都管用。但是它确实是一种不错的方法，使你把握好做爱的节奏，每个人都感到幸福，深层次的满足，而且能获得良好的自我感觉。

为了在做爱过程中使男人的注意力从关注自身的快乐到关注她快乐与否上面来，他需要放慢速度。而且很显然，在当今社会中，这一点本身就是一个非常大的挑战。为此，近几十年来，东方文化比如密教经典、道教房中术等出现了实践热潮，而且书店里的书籍如《性爱圣经》也被抢购一空。所有这些学说的真谛就是控制呼吸节奏、放慢速度、增强性爱持久力。

以这种有意识的方式开始探索性的伴侣很快就会发现，男人和女人身上仍保留着数百年以来的旧习，应当认识并注意克服这些旧习。而对于男人来讲，父权制的宗教传统不仅使他以性为耻，而且使他相信女人体验不到性的愉悦。长此以往，这种传统使他产生“厌女症”情节，认为女人会吸取男人的能量，使他变得虚弱。因此，诸多传统都强调，男人为发挥出最大的潜能，就要禁欲。不要近女色，因为她们会让你误入歧途。这是因为，如果男人不理解自身的性欲，也不理解女人的性欲，那么他将默认早泄，在性爱后使自己筋疲力尽而自卑。他不会学着做一个好爱人，除了生儿育女之外，清教徒中的宗教传统提倡禁色禁欲。

我们共同的经历造成女人也不反对这种不尽如人意的性欲。从历史上看，只有在性方面，女人对男人稍有支配权。所以，女人会很快让男人射精，一方面是想草草了事，一方面是因为她要拿回自己的东西，耗费他的能量。现在，男人和女人都在探索更加有意识的性爱，我们都在“摸石头过河”，学会认识这些顽固不化的癖习，然后超越它们。

你中有我　我中有你

这种更加长久的性生活——认识到双方各自的需求和愉悦感，也可以变成一种为下半辈子与亲爱的伴侣“做爱”而进行的一次“总彩排”。就男人而言，若他让女人高潮迭起欲仙欲死，比自己高潮都更有成就感。他知道自己翻云覆雨的能力，在肌肤相亲和耳鬓厮磨中，让她对他没有一丝丝的设防，她把全部的爱都倾注在他的身上，她在他眼中更加美丽动人。行完“周公之礼”，当他再投入日常生活中时，他同样地自信满满。他现在本能地觉得他可以在自己的世界中自由驰骋，而且他可以获得大量机会，让别人对其敞开心扉。他知道人们会因此爱他，在他眼中，世界变得更加美丽迷人。这样一来，性事变成一种类似于冥想、瑜伽、祈祷的灵性练习。让你在生活的方方面面为尽情地展示自己最优秀的一面而做好准备。

女人同样有这种体验。当他进入她的身体时，他越是挑逗她，她越是能够把心放开。共享鱼水之欢后，她的心被爱填满，她感到自己充满了创造力和同情心，并且拥有更多的智慧可以与生活中的每个人分享。

如今，许多夫妇仍在学习共赴巫山之时的能量循环之道，性冲动的反应时间也渐渐拉长，彼此心心相印。从男人的角度来看，学习如何提高挑逗能力，激发从外阴到身体的各个部位的感觉，尤其意味着将自女人脊柱以上的部位都调动起来，所以元气焕发、状态回升和兴奋之感更加强烈。

有意识的房事意味着在大脑处于清醒状态下时尽享鱼水之欢。爬虫脑——连接着我们基本的动物本能——被激活，负责激发出最为基本的推进力，使性爱充满刺激、激情和满足。大脑中部——负责情绪——使人产生亲近感、默契、爱与亲密关系中的主观体验。前额皮层活跃还能使你做出清醒的选择：专注于当下，进行能量循环、全神贯注地呼吸、使性交时间变长。以这种方式探索性爱之道的夫妻往往能享受各种类型的性爱：或是疯狂刺激的纵欲，或是性爱快餐（或许男人都未来得及射精），抑或是文火慢炖式的性爱情调（或许意味着一整个晚上没有实质性的进展）。

哪些因素阻碍着我们

爱好色情的皮特

当男人看色情片时，大脑得到的讯息就是好多衣着暴露的女人都想与他做爱。看到她们一丝不挂，这一般对他只意味着一件事。因此，这使他产生一种错觉，那就是不知怎的他的挑逗和引诱成功了，他一次把她们所有人都搞到手了。但是实际上，他从来没有过这样的真实经历。其睾丸素水平以惊人的速度飙升，使他的情感变得迟钝和麻木。没有亲密的接触，就没有雌性激素用来平衡多巴胺，从而失去感官的吸引力。使从真实的伴侣那里获得满足的性爱体验变得难上加难。通过持续不断地刺激多巴胺的水平上升，受体部位下调，敏感性降低。结果，当他回到妻子身边时，他愈难发现妻子身上的迷人之处。色情就像海洛因，过度刺激大脑分泌多巴胺，所以常规刺激令其兴奋不起来。色情对男人的身体进行训练，无须催产素发挥调节作用，就使多巴胺和睾丸素在顷刻之间便达到峰值，而且他越是如此，这种化学反应在床头床尾间越是如影随形。这样一来，由亲热产生的催产素不会激发睾丸素的持续分泌，他对自己的床上功夫变得没那么自信。他该怎么办？他很快地选择放弃，转而继续对着电脑打游戏。他沉溺于其中，没有面对面的接触或抚摸，看着色情视频中陌生而不熟悉的女人醉生梦死。研究表明，互联网上的妓女和模特照片，男人很少会再看第二遍。通过新鲜感的刺激，他有意地训练大脑，在未有肌肤相亲的情况下，肉体的情欲就能被挑逗起来。

解决办法就是在与所爱之人缠绵之时，想方设法地恢复新鲜感和兴奋感。这将使多巴胺、睾丸素和催产素及催乳素的含量恢复平衡，让夫妻再次为性爱激动不已和感到愉悦。

久坐不动的史蒂夫

如果你的工作是坐在办公室里，处理突发事件和利用期限完成工作任务，那么你将不断地刺激大脑中“或战或跑”的反应区域。如果这是在你静坐在一把皮椅上时所发生的，那么，不用通过身体活动耗尽压力荷尔蒙，你的身体便将得到应急信号。以同样的方式，看球赛或者动作片会产生让你感到兴奋和紧张的化学物质，但是由于身体并没有活动，所以这些化学物质在人体内排不出来。如今的生活节奏动辄刺激荷尔蒙分泌，本应化为实际行动却没有。

久坐生活方式伤身，让我们的身体显然吃不消。我们的呼吸变浅，肾上腺素和皮质醇越积越多，永远得不到平衡或释放。所有这些都会影响到性生活中正常的生理生化功能。解决这些问题的最好办法便是经常进行体育锻炼，完整地深呼吸，一周去健身房两到三次，锻炼和增强肌肉。

健身达人沃尔特

注意，我们说的是一周两到三次，不是每天坚持做两个小时。在实际的身体锻炼中，增大肌肉块强度会降低睾丸素含量，可能会使你变得有点性冷淡。睾丸素就储存在肌肉中。如果你的存储能力大于睾丸素的实际分泌量，那么血液得到的睾丸素分泌量将减少。这就像家里装着直径为6英寸的水管，但是却只有涓涓细流流经管道，结果就是水压不足。通过对专业健美运动员的研究，我们发现他们的睾丸素水平低于平均水平。身体将睾丸素用于增强肌肉，从而使性欲低下。回到20世纪90年代，在互联网时代到来之前，那时有很多健美杂志，封面上是清一色20～30岁年轻男人的照片。而且，这些杂志上还打着提高性欲的产品广告。如今，为何男人年纪轻轻就需要使用提高性欲的产品呢？这是因为，高强度的身体锻炼使睾丸素水平异常低下，扼杀了你的性欲。唯一的解决办法就是与不认识的女人上床，随之而来的新鲜感、挑战与危险刺激将人为地使睾丸素分泌量达到最高点。

早泄的彼得

正常男性的做爱持续时间取决于甲基化反应：身体对硫黄和维生素的利用。甲基化反应慢的男人一般射精很快，反之亦然。甲基化反应慢主要取决于遗传，但是也会由于膳食结构不合理、健康状况差和压力大等而逐渐恶化。幸运的是，所有这些都可由表观遗传学替代。在某种程度上，有意识的男人味指的就是表观遗传学：有意识地选择和理解取代无意识和本能。早于预期射精时间或没使伴侣达到高潮就射精的男人，通过一些具体的实践活动，可以很容易地学会如何延长勃起时间。下一节将详细描述这一点。务必注意，不要妄图阴茎一直勃起，或一直不射精，或每次做爱必射精，而是要有意识地探索你和你的伴侣最适合哪种方式。

如何实践

夫妻生活的章法

如果你正处于恋爱关系中，那么使性生活重回健康轨道，让你和你的伴侣对之都满意的最佳方式便是每周做一次爱，不多不少。一周内的其他时间，你可以随心所欲，想做什么就做什么，想何时做就何时做，喜欢以何种姿势做就以何种姿势做。但是按照一周限做一次这个简单协议，你和你的伴侣将处于一种平衡状态中，使彼此都感到满意。

预先规定日期是一个不错的想法。“星期二晚上8点是我们的性爱时光。不管发生其他什么事情都没有关系，这是我们一定要遵守的承诺。”阿尔让那说：在我这里接受指导培训的一位女士非常认可这种想法，但是却无法做通老公的思想工作。所以，她对他说：“每个星期二晚上6点～7点，我在床上等你。如果你想一起，随时欢迎。”他没多久就适应了这一程式。

约翰说：我指导许多夫妻进行了一种我称之为“男欢女爱”的实践。这个实践包括三个阶段。

第一阶段：她挑逗他五分钟。

在满足他的需求时，亲热地爱抚他，她关注的焦点是不断地刺激他，让他全身上下每个细胞都感受到愉悦。关键在于激起他的性欲但不至于让他射精。

第二阶段：他将她的情欲推向高潮尖峰。

男人反过来开始全身心地满足她。他先是对她的身体进行爱抚，刺激催产素分泌，缓解她承受的压力。等到她变得更加放松，然后再移至下体的敏感部位。男人用舌头或手指缓缓地将她送到高潮。只要他绝对相信自己能够在她高潮之后再射精，那么这一阶段就可以进行性交。这一阶段持续的时间要足够久，直到使她满足。除此之外，或许还要男人有耐心。他会很在意女人对他做出何种反应，不管是只言片语还是柔声轻唤，再或是身体的动作。

第三阶段：共赴巫山。女人高潮时，他会感到女人的阴道收紧了，两人同时体会到前所未有的刺激，然后感受更加极致的性爱体验。此时，性爱的节奏自然而然地慢下来，两人都深深地呼吸，而更大的可能是同时蓄积能量，享受彼此带给对方的持久快感和亲密。

针对何时射精进行自我训练

当你拥有正常的婚姻关系，要想进行有意识的性实践，关键在于分清性兴奋与射精之间的区别。这是所有传统中强调对性能量进行培养的本质。你可以请伴侣帮忙刺激你的性欲，请她为你把性能量从阴茎处向全身扩散。当性欲的冲动将要达到性高潮的临界点时，告诉她，转去刺激身体其他部位，比如她用手轻轻划过并抚摸大腿、腹部和躯体的每一寸皮肤。

针对这类性能量培养实践，重要的是要知道，这只是想为你提供更好的选择。它百分之九十取决于你的本意和决定。一旦你能够更好地控制你的性能量，这些实践本身其实非常简单易学。如果你的确决定要以这种方式实践有意识的性爱，我们建议你在性生活中变变花样，时而饱尝性爱快餐，时而享受疯狂刺激的极致性爱。

身体是自己的

在当今这个快节奏的世界里，每天花时间锻炼肌肉或严格地坚持身体锻炼非常重要。运动健身能够产生费洛蒙，它是生物学层面上男人刺激女性的一种必要的信息素。每天运动到大汗淋漓，筋疲力尽。你可以通过跑步、骑自行车、去健身房，或者游泳达到这一目的。最简单的方法是间歇性训练。去谷歌一下。

如果出去散步，全速奔跑一分钟，然后停下来。你会发现此时自己正气喘吁吁，此情此景会让你联想起性兴奋时的样子，也是气喘吁吁。稍作弯腰，弯曲膝盖，低下头。用鼻子呼吸，直到几分钟后呼吸变得平稳。休息两到三分钟，之后，再全速奔跑一分钟，重复刚才的整个过程。这是一种非常奇妙的间歇性训练法，可适用于任何体育锻炼。这对提高性欲会有立竿见影的效果。

交流

如果你决心要探索有意识的性爱，那么与伴侣一起制订一个计划这个想法不赖。你们可以一起看《男人进卧室向左，女人进卧室向右》，也可看《两性多重高潮》。除了这两本书，关于这方面的书还有好多，这些书有助于你们转变性认识，从开始的无意识、懵懵懂懂发展到更加有意识的性欲，使彼此获得持久而满足的性爱。

给成熟男性身旁的女性

我们了解到，女人送给男人的最重要的礼物就是让他知道她的需求：当她想与他亲热时，当她想要被爱抚，渴望他的拥抱时，以及当她想要独处时，要想办法诚实地告诉他。男人想象不出或者猜出女人眼中的性是什么样的，除非去沟通，他认为她对性的想法与他自己的想法一模一样，而结果显然，差距还是很大的。为了在性方面变得更加有意识，男人们要得到大量反馈：哪些是她喜欢的，哪些不是她喜欢的，什么时候需要停下来或放慢速度。你不仅可以通过语言，还可以通过声音或者把他的手移到别处，以便让他了解这些信息。

当今，女人最易犯的错误之一就是以为男人想做爱时，他只是试图达到性高潮或者释放积压已久的紧张感。成熟的男人铆足了劲儿用他的整个身体去深爱你，并且通过性让他很有成就感。与其与他来一场速战速决的性爱不如坦率地告诉他，你现在没那个心情，至少一周约一次会还是不错的，以享受二人世界。这甚至不需要涉及性交：只需要光着身子在一起、呼吸、触摸、建立联系。这样的约会是由你的快乐决定的。让他知道你喜欢什么，多快或多慢地进入下一步。你甚至可以教他你希望他怎样通过你的阴蒂、你的敏感点以及阴道深处给你高潮。对一个有意识的人来说，这是一份礼物。这是一次比简单的性爱更充实的性体验。

有些女人有时会伪装快感或高潮，诱使男人认为自己很能让女性满足，其实不是。这并不是安慰和满足男性的最好方式。男女之间的怨气越积越深，对女人性生活的影响远远大于男性。即使两人之间还存在矛盾，但他仍可以做爱。他更容易把烦恼和不快抛诸脑后而不再想起。但对于女人来说，当男人让她心里不痛快时——怨气、不信任、伤害或疏远——她很难当作事情没有发生，做爱时全情投入很难。由于他理解不了这一点，所以他或许会无形中给伴侣施加了压力，说她性冷淡或者做得不够。许多女人仍委曲求全地配合他，哄他高兴，同时尽到自己对他的义务。在这些情况下，女人总想速战速决。她会最快地使他的性欲被挑逗起来，使他尽快射精。问题的关键是不要把话闷在心里而要把事情摊开说，像前面所述的倾听实践那样，鼓励他多倾听。

成熟男人的内心深处无不渴望深爱对方，把做爱当作满足女性的手段，令伴侣敞开心扉接纳他。并非每个男人都懂得如何做，或许他尚未充分意识到这一点。所以，夫妻之间安排每周一到两次“有章法的性爱”。这甚至并不意味着一定要发生性关系：规定一个约会时间，双方赤裸相见，一起呼吸，爱抚，享受甜蜜。这样的约会让心做主。让他明白你的喜好和节奏。如果可以，你也能当他的性爱老师。对于成熟的男人来说，这是一种礼物。这是一种比简单地达到高潮更有意义的性爱经历。

男人的性欲是主要的，而女人的性欲是次要的，这种错误的性观念由来已久，男人和女人或多或少地受到这种观念的误导。对于成熟的男人来说，该实践需要你更多地专注于她的快感。该实践帮助性生活重新恢复平衡，通过反复操练，他对性爱技巧更加得心应手。反过来想想或许也是可行的——对于成熟女人而言，该实践需要你更多地专注于他的快感。但是，我们在这一方面已经实践了数千年之久。这有助于男人在性爱中更多地专注于使你获得快感。专注于哪些技巧能让你觉得非常舒服，使你放下束缚，放松心情，之后要想办法地让他了解你的心思。这样一来，他或许有机会成为一位称职的爱人。记住，当男人能够通过行动取得成功时，他会获得极大的成就感。

如果你是单身，对自己以及其他人诚实，坦白地承认自己喜欢什么，不喜欢什么。重要的是学会对男人说“不”，不怕拒绝他或失去他。

熟男手记

李·霍顿，气功老师

我上大学的时候性和女人占据了我很大一部分注意力。性能量很有意思，但我并不擅长。我不知道女人的身体如何运转，我甚至不知道自己的身体如何运转，我要么花的时间太长，要么射精太快。有一天我无意间发现了一家书店，找到了精神性区域。书架上有谢明德的书，讲的是男人可以获得多重性高潮，如何将性能量转化和升华为意识和精神，以及如何与伴侣建立更深层次的联系。这本书简直太棒了！

大学毕业后，我在25岁左右的时候去了泰国，帮谢明德写一些书。他递给我一本旧书并且问我：“你能把它变成一本书吗？”这本书讲的是道教的人帮人们安排婚姻的故事。他想让我把这本书以更现代的方式写出来，以便人们判断他们与某人在性方面是否相契合。后来这本书以《性反射疗法》（*Sexual Reflexology*）的名字出版。

他的一些高级导师也在那里。其中有一个法国女人比我大十五岁，她教很多班，人很漂亮，很精致，整个人都散发着光芒。她动作优雅，非常聪明，对内部能量了解颇深。我像小狗一样疯狂迷恋她，但是从没想过能成为她的爱人，因为我根本配不上她。我参加她早上讲的气功课，她第二天早上会来上课，我在考虑下课后可以和她聊一聊。

下课后我们开始聊天。我问了她一些我正在写的这本书相关的问题。我请她告诉我女性能量的养成，然后我们决定吃晚饭时接着聊。我们在餐厅里连接在了一起，那种磁力锁定发生在我们身上。我能感受到能量的升华。然后她问我："想练习吗？"我不知道她是什么意思。然后她笑了："我不是来骗你的，你想学气功吗？我可以教你移动体内的能量，就用那种你书中要求的方式。"

然后我们就一起练气功了。我们积聚能量，她告诉我如何不与别人接触就能建立能量连接。她还跟我说人们想寻找的是性背后的能量连接，但却总是过快地发生性行为。

两到三周过去了，我们并没有身体接触，只是进行这种密集的日常练习。然后我们就相爱了。就是完全来电了，所有的通道都很自然地打开了。这对我来说就像一个开端，我发现如果我们与某人建立强大的能量联系但是没有变亲密，性能量就会从性中心上升到心脏。过快做爱会消耗性能量，然后就不会贯通到全身，更不会到达心脏。

从那次见面开始，性就变了。它不仅仅是一种身体表达，也存于心，有情感和精神。这一切融合在一起，充满活力。有意识的性是一种不可思议的行为。与伴侣在一起，你可以巧妙地将对方的能量提升到一个非常高的水平。这是如此迷人，以至于我现在已经和许多其他道教老师一起练习和学习了。它已经成为我在健康、康复和精神方面做的许多其他工作的丰富催化剂。

Chapter 11
第十一章
成熟的男人拥抱自身的女性能量

为了让男人有动力去完成自己的灵魂使命，他要做出自己能够履行的承诺。当男人觉得生活很容易时，说明他没有获得成长。信守诺言这种无形的力量就是，当你不想做但又不得不做时，每一次你都会不遗余力地将行动进行到底，这一力量使你以博大的胸襟再次明确了当初的约定：当初在你做出这个承诺时，自己是个什么样的人。有时候，如果诺言不再适用于大家，或许你要对承诺做出一定的改变，但是经常许下和信守诺言能使你一直坚守诚信，拥有博大的胸襟。

约翰说：与我共事的男人常常觉得对自己取得成绩不甚满意或是认为自己并未成功。当我问他们当初为何采取某种行动，或是说某些话时，我得到的回答是："并未多想，我只是想那样。"跟着感觉走没有错，但是你还要冷静地分析，问一问这个问题："我为什么要这么做呢？我终究想要达到什么目的呢？"这常常意味着要在获得长久的满足和获得眼前的快乐之间做出选择。

在极度男权意识的驱使下，我们的先祖那时的所作所为皆是自己被赋予了特殊的角色使然。男人要去达成别人为他定下的目标，他要许下承诺，实现别人对他的期望。他成家，上班，确切地知道怎么做一个真正的男人。我们服从于传统文化对男性角色的定位。这种方法当时很适用，因为他可以对大环境做出预测和判断，基于自己的能力许下可以实现的承诺。有时候，这些承诺需要用几十年的时间去兑现。如今，科技、职场、人际关系等方面的环境日新月异，不管什么事情，做出决定并持之以恒地做下去，已经不可能了。

从 20 世纪 60 年代开始，男人们开始反抗，为自己争取选择权，不再活在自打一生下来，别人就为其做好的决定里。他们想要听从内心的声音：“我想选择自己想要过的生活，而不是文化、家庭、传统替我做选择。”作为对 20 世纪 50 年代社会不合理的一种回应，男人们学着跟随自己的感觉，顺其自然。这意味着男人身上随雌性激素波动而波动的女性化一面开始突显。与为实现目标牺牲眼前的快乐不同，男人更加在意此时此刻的感受。当你根据稍纵即逝的感觉去考虑问题时，你身为男人的骄傲可能会打折，因为当你从内在的感受出发，你或许会发现内心某个角落存在恐惧和某些短暂的欲望，从而你会不断地受到干扰，让你觉得自己不可信赖。

全新的融合

成熟的男人会学习平衡自身的男性面和女性面，使其意识到自己人生中更为崇高的目标，从而在实现目标的过程中，对目标环境的变化也格外敏感。他会意识到自己的感情，但是他依然有能力去做正确的事情，即使他感到害怕。当承诺不再适合他或者其他人时，他或许会定下一个新目标，但是后来发现这个目标并不可取。之后，凭着自己的感觉和直觉判断，他会调整方向，给予新情况，设定一个新目标，向大家保证完成目标。

例如，过去，许多人的婚姻只剩下了互相折磨，但依然苦撑着不分开。即使他们不喜欢自己的工作也不会辞职离开，因为他们能吃苦耐劳。过分女性化的男人可能因寻求浪漫而会不停地换伴侣，或者是为获得心仪的工作而不停地跳槽。成熟的男人会理智地许诺：他可以经得起婚姻中的悲欢离合，直面职场中的考验和失败，但是，他同时还知道为大家的幸福着想，懂得何时放弃。

我们将在本章的后面部分介绍，他最开始从身边的女性身上欣赏到女性化的一面：他的母亲、伴侣和同事，但是这种欣赏使他渐渐意识到自身所具备的女性化品质。最终，他逐渐意识到，不只人类，生活的方方面面中，同样具备这样的女人天性。当他走近大自然，看到露珠从叶子上滴落，或者听到充满力量的抒情音乐（即使这音乐是由男人创作的），他意识到，这种普遍的女性能量在生活中无处不在。

因此，哪些普遍的女性化品质是男人逐渐意识到并且所热爱的？其中，哪些品质是他先在身边亲近的人身上、他自己身上和生活中所发现的？这是一个很宽泛、多层面的主题，所以咱们只是选取要点进行讨论。

我们身上的女性化特质使我们接受能力更强，更能满足别人的需求，这种与生俱来的移情能力离不开内在情感。由此一来，自我情绪体验程度决定了你能在多大程度上体验他人情绪。男性的力量强调做事能力：制定目标并实现目标，往往自己一个人决定。往往被忽视的女性的力量强调合作，委托别人办事时要怀有敬意，叫他人把事情做好。有志于成为伟大的领导者而且各方面都很成熟的男人会认识到在这两个因素之间求取平衡的必要性：大胆地采取行动的能力与和谐共事的能力。

享受整个旅程

当男人懂得尊重自身的女性特质，生活不再围绕着人生目标转时，他发现自己的世界只有黑与白。女性特质像一个多面镜，使他发现生活是一部丰富多彩的多维电影。

约翰说：如果我与邦妮一起散步，我想的是多久能达到目标。她在陪我散步，欣赏路边的小朵鲜花；她望向远处，看到了一棵树和日落。她让我看到了平时容易被我忽视的风景。出于对她的爱与尊重，我也学会了享受散步的整个过程。通过了解她的需求并尊重她的行事方式，我变得不再那么地以目标为导向。我很幸福并且仍能实现我的人生目标。

阿尔让那说：我记得，有一次我们一起去好市多买真空吸尘器。为避免浪费时间，我直奔问询处问服务人员真空吸尘器放在商店什么位置。我再接再厉，快速地对成本进行了比较——价格与功能——挑选了正确的型号，之后直接走到排队人数最少的收银台结账，等我坐回车里时，整个过程用了不到十三分钟。任务完成。高效的购物。几天之后，我们又去购物，为查美利买点东西。我们刚走进商店里，她发现了点别的。她看到一条喜欢的围巾，然后她看了看鞋，再然后她又去逛香水——那里的香水种类琳琅满目，令人应接不暇。而且，香水都是装在小瓶子里，你可以把香水喷在小纸块上试用。我们在那里待了两个小时。终于，我们回到了车里。她手提的袋子里有一朵用彩纸包裹着的小丝绢花。她只买了这个——花了七美元。

我说：“呃，真是浪费时间。”

她说：“你什么意思啊？”“今天购物最棒啦。”我们一起生活了这么多年，她在很多方面教会了我要享受过程，欣赏终点之美。

家庭与感情的价值

约翰说：与邦妮结婚前，我首先关注的是精神目标，其次是如何向这个世界证明自己。她使我意识到，是的，我的个人追求很重要，但是抽时间陪陪孩子也很重要，过二人世界也很重要。通过倾听她的感受，意识到如何给她幸福，她对我有何期待，什么是她能给我的，她帮我调整了努力的方向。

她在这方面总是很擅长，能清楚地把她的诉求告诉我。现在我意识到，当我回首过去的三十年时，我发现拥有这么多与孩子们在一起时的美好回忆——家庭时光——因为妻子教会了我。如果我以自己的父母为榜样，那我会是一位工作总是很忙的父亲，因此常常不把家人放在心上。我们结婚时，邦妮已与前夫生养了两个孩子。她告诉我不想再生孩子了，而我想，所以我们不得不商量这件事。最终，她同意再生一个孩子，除非我答应在抚养孩子期间做一个“一半一半的丈夫”。我要像她一样地照顾陪伴孩子。这唤醒了我身上的女性化品质。我知道，正因为此，我变得更加完整，成为一个更加有爱的男人，并且使我过得更加幸福。

不久前的某一天，我坐在机场候机大厅里等待登机。坐在我旁边的是位正在打电话的男士。我忍不住听他讲话。他在咨询行业工作。他对电话里的人说：“这次对我来说是次难得的机会。开出的工资是我现在挣的工资的两倍。经常出差，在各地坐飞机飞来飞去，所以只能和家人共度周末。可我凭什么非要这么做呢？我会错过孩子们成长中的点点滴滴，因此我拒绝了。”

我对这位男士的敬意油然而生。我探过身子，对他说：“你的决定是正确的。”这位男士聪明地在自身的男性能量与女性能量之间找到了一种平衡。

培养关系的重要性

男人喜爱修东西。女人则通常喜欢培养一些东西。这两者之间存在区别。有时候，对应付紧急事变的这种热爱的确会导致男人想要把东西拆开看下，以便能重新组装起来。对于一个摩托车发动机，那或许很有趣，但是在感情关系中，这或许会是一团乱。随着男人学会倾听他生活中的女人们的智慧，并因此唤起他自身的女性特质，他就能在学习如何修理东西时，也会尽可能地避免弄得一团糟。

伊凡·米斯纳告诉我们，在他传授搭建人脉的生涯过程中，女性建立人脉的方式本来就有别于男人。男人会把他的简历给你，告诉你他的履历、他自身的能力和目标。伊凡说，女性倾向于提很多问题：“你来自哪里？你的家庭是什么情况？你知道皮特和卡罗尔吗？我觉得你会喜欢他们？你从哪里买到这幅画的？我很喜欢……”因此，女性会在职场中建立更加持久的关系，培养互相包容的团队精神，现在的主要工作就是教男人们如何提升搭建人脉的技巧。

照顾好自己

一个彻底屏蔽掉自身女性化一面，因此而粗鲁地对待女性化一面的男人，一般会倾向于走极端，把自己弄得精疲力竭。另一方面，一个把主要心思都放在自己是否幸福和快乐的男人，会变得脆弱、茫然而不自信。但是，一个知道如何平衡自身的男性能量和女性能量的男人，会懂得必须照顾好自己，尊重自己的需求，然后才能成为一个对别人有用的人。他会拥有充足的睡眠时间，营养补充得当，定期锻炼。那是因为他明白，这是他全力实现使命感和目标感的重要基础。

改善环境

过去数十年，职场一直被男性主导，女性进入职场所导致的结果之一便是工作环境得到明显改善。假如回到20世纪50年代，男人们就着昏暗的灯光干活，室内空气污浊，并且没日没夜地干活。一般而言，只有进入工作场所的女性才会问:“我们如何改善当前这种糟糕的状况呢？”男人注重的是效率：“只要工具能用，别瞎操心了。看看多久能把工作做完。”这是过去农场主对待奴隶的态度。是女性最先发起运动，要求工作时间更加弹性化，办公场所提供健身房，能带孩子上班并要求进行人才资源开发，保证每个人都能被公平地对待。随着男人知晓了要强调这些事情，从长远来看，这实际上提高了他们的工作效率，他们越发感激女性为其带来的改变。

热爱地球

最终，女性融入国际政治才使人们意识到关爱地球的重要性。2014

年，北非的突尼斯修订宪法，不仅要使男性和女性在法律上享有完全平等的权利，而且要将地球的权利保护落实到宪法上。我们的好友兰妮·提斯特（Lynne Twist）筹集20多亿美元缓解世界饥饿状况。她创建了“帕恰玛玛联盟”组织。“帕恰玛玛联盟”是一个帮助土著居民保护雨林自然资源的组织。她曾花了一年多的时间，帮助厄瓜多尔修订宪法，使“自然的权利”这一条款被纳入厄瓜多尔宪法中。这是世界上首部从法律上承认地球可强制执行的权利，并且该权利在法院受到保护。在厄瓜多尔，地球母亲可以拥有自己的辩护律师，已确保自己得到公平对待。

通往女性能量的三条途径

男人可通过三种方式获得对女性能量更深层次的认识：他周围的女性、他自己、生活本身。

当你能够更多地关注周围的女性以及她们对待生活的特别之处，你通常会对女性能量获得更深层次的认识。在你小的时候，你最先注意到的女性是你的母亲，之后开始注意到你的姊妹、你的女朋友，然后是你的妻子或者伴侣，还有你工作中的女同事。

如果生活中的女性帮助他发现自身具备的男子汉气概，那么让他对女性特质获得一定的认识也很容易。如果你用心想一下，你会发现，其实道理非常简单。如果你的一位朋友经常能发现你的优点，想让你取得成功，无条件地爱你，你就很可能也非常尊重和欣赏那个人。如果你能获得母亲的爱与赏识，并且在现在的生活中，也能得到女性的爱与赏识，那么你很可能自然而然地懂得尊重和欣赏女性特质。但是，如果你的母亲对你过于娇纵，或使你感到窒息，那么日后你会抗拒和反抗女性特质。如果你的母亲过于挑剔，或使你感到受伤害，那么你会对女性特质表现出厌恶感。如果你的母亲忽视你或者总是让你一个人面对所有问题，你或许从此与她变得生分，日后对女性特质也变得迟钝。所幸的是，在所有这些情况下，不管看上去是正面还是负面，它们都是机械而无意识的。通过实践，它们都可以变成你与女性特质的一种联系，不仅能使你懂得爱与尊重女性，还能激发出你自身有价值的女性特质。

第二种方式便是男人从他自己身上发现女性能量。过去，在某种程度上说甚至包括现如今，与女人接受自身男性化一面相比，许多男人在心理上对接受自身女性化的一面更加抗拒。如果一个女人帮另一个女人发现她身上所具备的更多男性特质，这通常会被视作一种激励。“加油，姑娘！你站起来让他们看看。重磅出击！你很强大。”女性常穿男装，而且看着很不错。但是，如果一个男人帮另一个男人发现他身上所具备的更多女性特质，这通常会被视作一种侮辱。“没种”“孬种”“娘炮”，甚至还有“娘们儿”等字眼都具有贬义。

当男人对自身需求和感受变得敏感，或者当他允许自己去关怀和呵护他人时，他就能感受到自身女性化的一面。瑞士著名心理学家卡尔·荣格（C.G.Jung）称之为“阿尼玛”。他在这一方面做了极其重要的区分。如果一个男人彻底否认其阿尼玛（女性意向），他会变得强硬，过于受到驱策，之后他会感到痛苦，并给他人造成痛苦。假如阿尼玛居于主导地位，他身上的男性化一面居于次要地位，那么他会变得女性化，结果就是他感到脆弱、没有主心骨、茫然不知所措。他还是会遭受痛苦，不愿与人交流。但是，荣格指出，当男人的男性本质坚不可摧时，而且借助于阿尼玛的支持，他变得完整而健康，在这个世界上耀眼地绽放出自己的光彩。

阿尔让那说：有位负责公司销售工作的客户来我这里参加教练课程，因为他所做的工作令其身心俱疲。他要持续不断地在最后期限内完成工作任务，他被迫制定工作定额，所以他一直处于紧绷状态。他的收入非常可观，但是他告诉我，他的生活像一杯白开水一样淡而无味，所以他最后选择了辞职。他开始参加加布里埃尔·罗斯（Gabrielle Roth）发明的五律禅舞。他蓄了发。他在巴厘岛参加瑜伽教练培训课程。他参加了火人节。在放下工作的这一年里，他开始注意到以前从未体会过的各种情绪感受。当他再次回到职场里时，他的身心得到了全面发展，学会了更好地照顾自己。在这方面，我有过相同的经历。我当单亲爸爸一当就是很多年。我与前妻共同享有对孩子的监护权，当孩子们跟我一起生活时，我是家里唯一的大人。我怀抱他们，与他们偎依在一起，做饭给他们吃，晚上给他们讲故事，我们还一起做游戏。我真的是个好爸爸。对于我来说，这真的太棒啦！

这是一种进步。使我得以意识到并用自己的实际行动践行自身具备的为人父的品质：现在我希望将这些品质称作我的女性化的一面。因此，在生活的方方面面，我对女性特质越发充满感激和敬意。

让男人认识到女性特质的好处的第三种途径是通过他周围的世界。现在，他意识到女性能量不只是一种女性才会拥有的才能，或者只是他的阿尼玛，而是存在于我们生活的每一个角落里并不受人类的支配。

如前所述，若男人与朋友们经常聚一聚联络感情，他会发现，本来他以为自身具备的许多特质都是独一无二的，但实际上这是男人的共同特质：这凸显了他们的男性气质。在男人小组中，你会听到其他男士分享他们过往的经历，然后你会做出“我也有过那样的经历”的反应。那个男人有时候需要有点私人空间。他也需要私人空间，哦，他和他也是，包括我也是如此。那个男人不得不集中注意力于目标的达成上。的确如此，他，他，还有他，包括我都是如此。在这一过程中，作为男人，我们学会了遇事看开看淡。我们不再把男人的种种表现归结于儿时受父母的影响，甚至归因于我们的国籍、社会制约，而只是因为我们是男人。

我们越是清楚地意识到男人的共同特质和女人的共同特质，越能懂得去爱这些特质。例如，你回到家时发现，你的伴侣把很普通的三支花插在了餐桌上的小花瓶中。有了橙色的点缀，整个房间给人的感觉就不一样了。或许你会心想：“我从来就不会想到弄这个。真漂亮。玛丽真是心灵手巧。”但是之后或许会想起，你的母亲原来也经常这样做，连你的妹妹在内也经常这样做。细想一下，你发现前女友、前前女友都是如此。现在想起来了，男人小组见面时，通常——偶尔——除了纸板，几乎没有什么装饰品。不久，你就意识到，你所羡慕的这些品质，不仅仅只有玛丽、你的母亲及其他几位女性所具备，而是大多数女性都具备这些品质。这属于女性特质。有些男人同样具备这种女性特质。所以现在，你对女性特质的认识得以升华，而不仅限于女性身上。

阿尔让那说：我和查美利有时会一起到处闲逛，吃喝玩乐一番，说说笑笑，或者制订生活计划。她的身份是查美利——40 多岁，来自挪威，与英国丈夫在美国的加州生活。但是之后，仅仅片刻的工夫，小的片段在脑海中一闪而过，开和关几乎在瞬时之间完成。

我发现我正在看着的并非是眼前的这位女人，而是看进她的灵魂。在我眼中，她已不再是一个女人，而像是一扇窗。于是，或许在某些人看来显得有点“矫情”和过于具有加州风情，我发现，在跟女人相处时，我不再将她视为一个单一的生命体，而是将其视作某种普遍、神秘和模糊的事物：通过特定生命体这种载体，普遍存在的女性特质得以呈现出来。当谢里·安德森（Sherry Anderson）意识到，正如我们通过品尝和体会浪花的味道就能领略海洋的味道一样，任何女人身上都可找到这一普遍存在的女性特质的影子，她因此写了一本关于女性特质的书，将它命名为《上帝的女性面貌》。

男士风度越稳定，男人对普遍存在的女性特质的欣赏能力和享受能力越强——犹如千变万化的色彩和能量——他的探索意识越强。在现实生活中，当面对世界的种种要求和始料未及的把戏时，他会做到举一反三，对女性特质的认识不再局限于女性身上，而是生活流露出自己原有的模样。他的男人气质自觉而锐不可当，有意识地克服各种情景下显露出来的光怪陆离的女性特质：自然环境、商场、交通拥挤、国际政治和互联网。当男人面临着来自令人眼花缭乱、变化莫测、有时却无法抗拒的感官挑战，并且选择果敢而慷慨地直面它时，他就实现了普遍的男性气质与普遍的女性气质之间的完美融合。

他越是欣赏自己与其他女性身上所具备的女性特质，他就越是热爱生活，越想要为生活做些什么。

哪些因素阻碍着我们

以成功为导向的德里克

一个男人必须意识到自身的生活规律和现象，直至他不会再不由自主。立下雄心勃勃的目标，然后披荆斩棘地去实现，这种想法使他浑身上下热血奔涌。在整个过程开始重演之前，体内多巴胺的分泌已使他倍感舒爽，这感觉容易让男人上瘾。他或许一辈子都在奋力爬着梯子，爬到顶之后，发现把梯子放错了墙。随着你对女性特质认识的增多，你慢慢意识到男性自身的局限性。接受女性特质使你的生活更加丰富多彩。与女人做爱时，你要慢下来。你爱抚她的胸部，感受她胸部的柔软。它跟男人的胸膛不一样：你可以往男人的胸膛上打一拳，而女人的不能。为了见她，一切都迫使你缓和下来，把速度放慢。不单是在性生活方面，在其他方面也一样。在你生活的各个方面，当你欣赏女性特质并将其融入自身时，你会变成一个更加平衡、成熟、善良和完整的男人，并且想要去做更多的事情。

受伤的威廉

当你还是小男孩时，你与母亲之间的关系绝对在你成年后是否有能力爱与欣赏女性特质中发挥着关键作用。你如何与她相处？她如何看待你？她是否幸福？你有没有可能使她更加幸福？在少年的成长过程中，尽管他有一位过得还算幸福的妈妈，但是他还有机会使她更幸福：送给她小礼物，为她制作艺术品，让她在床上吃早餐，长大后他自然而然地期待能有展示自己这一面的机会。他知道自己能让她更幸福，因此感到心满意足。不幸的是，在大多数情况下，这些都达不到让大多数人喜欢的地步。我们需要忘记过去，重新塑造一种健康的男女关系。

身患厌女症的马丁

当然，我们用了很长时间才发展到今天，我们也给予社会上的女性更多尊重，但是厌女症现象依然存在，在世界各地暗涌波动。随便选一家有时候主要是男性顾客光顾的酒吧。在酒吧里待一会儿，听一听男人们在讲的笑话。男人间的话题总少不了女人，并且对女人持有一种贬损的态度。他们不但贬低生活中的女性特质，而且还诋毁他们自身的这种特质。总体而言，男人们仍然对被女性化感到无比恐惧。先是害怕在学校里被人欺负，现在这种恐惧似乎并未得到遏制。男人对自身需求或感受变得敏感，其他男人或许会说他“没种”或者像个“娘们儿”。

从小到大，我们所受的教育就是认识自身感受，然后以一种线性的方式去表达这种感受。如果你是共和党，那你就不是民主党；如果你去五星级餐厅用餐，那你就不会去麦当劳；如果你是位无神论者，那你就不会聆听教堂音乐；如果在野营期间享受风餐露宿，那你就不会喜欢住在四季酒店里的那种舒适，不然就是自相矛盾。那么，如果你是个坚强、靠得住、正直、男人味十足的男性，那么你就被认为是那种对自身情绪反应迟钝、不被情绪左右的人。

你要比较成熟才能意识到这一点：你可以这样，但也可以做些那样的行为，即使它们常常被认为是对立的。做一个成熟的男人意味着，你可以比线性大脑有更多新的发现。你意识到，你是多维度的并且一切事物都有对立面，包括你。你可以尽情地展示你的翩翩风度；你可以尽情地挥霍人生，做一个马力十足的“睾丸素生产机器”，与你的女性能量相处，深刻地感受，这样才能对一切女性特质充满了深深的敬意。

如何实践

表示欣赏

作为男人，承认和欣赏你在周围女性身上、自身及生活中所发现的女性特质，有助于这些特质的发展与完善。用言语表达出这种欣赏，会使其更加有力量。每天若干次，确保你对伴侣或者共事者表达欣赏之情，比如：

你今天看起来很不错。你把自己照顾得这么好，我真是超爱你这样。

谢谢你让我想起也要照顾好自己。

与我的布置格调相比，这个房间现在看上去真是漂亮极了。

你善于与人和睦共处，这一点很惊艳。

等我们出去散步时，你要把容易被我忽略的事物点出来。

你越是表达出欣赏之情，对其就越尊重，你自身的可贵之处被唤醒得就越多。

坐下等待见证奇迹。

如果你正在谈恋爱，或者是与女性共事，那么偶尔也要花五分钟时间看看你能否猜到她准备要说或做什么。这是一种美妙的体验。你们或许一起坐在沙发上聊天或者在餐厅一起吃饭。用五分钟的时间，你可以继续与她聊天，但也只是让自己充满好奇心而已。她接下来会说什么？不要挑起新的话题，聊什么让她决定。阿尔让那说：我经常与查美利一起做这个练习。我彻底爱上它了。我们要么躺在床上聊天，要么坐在屋后的露天平台上抬头望着眼前的树。我进入被动状态……我只是等着。我意识到，我完全不知道她会说什么。她是个谜，也是一个奇迹，经常带给我惊喜。不停地提醒自己不可能预料她的下一个动作，这使我对她越来越刮目相看。

原谅自己的母亲

在做这个练习时，你可以闭上双眼以充分发挥你的想象力，或者你也可以准备一个笔记本或日记。

想一想小时候你与父母之间的关系。想一想房子里的每一个房间的摆设，还有透过窗户看到的景象。站在自己母亲的角度，用现在时态写下此时的所想所感。从自己母亲的角度，写下她此时对什么感到沮丧。写下她对什么感到失望。她为何忧虑。写写她与你父亲的感情如何。以自己母亲的身份，写写她的遗憾、她的期待和她的需求。她幸福吗？她的需求得到满足了吗？什么能使她更加幸福？是什么使她不幸福？她热爱什么？她对什么心存感激？

你现在已经是个大人了。你不再依赖她。随着你认识到她的感受，慢慢了解了她的失意、她的局限性，你将自然而然地获得深刻的发现：她把能给你的最好的东西都给了你。这自然而然使你原谅了母亲。原谅会让你学会感激和欣赏自己的母亲。她给了你生命。在你成长之路上，她很可能还会给你准备饭食，养育你，并且在你年纪愈来愈大时，她也尽她最大的努力支持你。你越是能做到原谅和感激你的母亲，你越是能感激时时处处可见的女性特质。

如果你生而为女人

以下是一个简单且高效的使你与自身女性化的一面扩大联系的方法。再重复一下，你可以闭上双眼发挥想象力，或者可以写进日志里，但是你也可以拿到男人小组与其他人分享——如果你所在的小组里的男人勇气十足。

想象自己回到了父亲与母亲做爱，母亲怀上你的那个时候。想象精子正奋力奔向卵子。感受受精时刻。但是现在，精子都能够与卵子相遇并结合，结果是女胎而非男胎。你还是你，但却是女儿身。想象你出生的那一刻，喜得千金令所有人多么幸福。你的女孩名字叫什么？现在想象一下他们为你准备的婴儿房。注意那些给你玩的玩具以及日后会跟你做朋友的其他女孩。慢慢地从头经历你的人生：当你还只是个小女孩时，你所穿的衣服和玩过的游戏。想象一下上学第一天以及那天交到的新朋友。继续慢慢地经历你的整个童年，然后感受自己步入青春期。感受胸部慢慢发育。感受月经初潮。随着年龄越来越大，注意你与男孩子们的关系有何变化。慢慢地经历青少年时期，感受所有自己感兴趣和认同的事情。你可以继续经历你的整个人生，或许包括结婚生子阶段。你还是你，但是活在另一具身体里。这种练习非常不可思议。你只需练习一次就能与你自身的女性化那一面建立起更加紧密的联系。

隔三岔五地做些女性化练习。

本书前面部分我们已经对这两种实践进行了区分：能激发更多男性能量的实践与能激发更多女性能量的实践。总体而言，我们不建议男人经常地做女性化练习。但是偶尔可以专门拿出一天的时间投入女性化练习中，让你探索自身女性化那一面。有些事情可以做实验用：

看情感类电影，当你被感动时就哭出来。

享受一次痛快的泡泡浴。

与好友们逛几个小时的街。试穿衣服，称赞彼此穿什么衣服都好看。

跟着自由流动的音乐跳舞。

与男性朋友们一起去酒吧。点杯白酒或一支玫瑰花还有美味的小点心。一晚上下来不聊别的，聊聊情感关系，尽情地八卦。

享受各种各样的感官体验。

给成熟男性身旁的女性

当我们在交谈和讲座中谈及欣赏女性这一话题时，如此之多的女性告诉我们她们正是想要与懂得欣赏女性的男士相处。她们会问：“在相处过程中，怎样才能使男士以这种方式与我相处呢？”答案非常简单。

凡事均能通过磁共振解决。镜子原理能搞定一切。如果你想要一大笔钱，那就不要把时间浪费在思考自己多么贫穷、多么渴望金钱上。花尽可能多的时间去感觉自己多么富足、心存感激，金钱将会自然地去找你。作为女人，如果你想让生活中的男人极度赏识和崇拜女性特质，解决办法很简单！学着极度赏识和喜欢男性特质。这种赏识和喜欢之后会再反射到你身上。一个女人发自内心地觉得："我是个气质高雅的女人。看看我！钦佩我！"那她吸引来的男士会自认为："我是个出色的男人。看看我！崇拜我！"

一个极度赏识男子汉气概的女人，在对自身女性特质保持自信的同时，还能把她臣服也臣服于她的男人吸引到自己的身边。这无关乎是否钦佩其性格，而是处于对其本性的欣赏。你最喜爱哪种男子汉气概？你在男人身上看到的哪种品质是你较难在自己身上找到的？欣赏那些品质，你将会重新获得他的赏识。

同时，确保自己被崇拜且值得钦佩。有时候，女人得到鼓励之后才会穿得像样，让男人对其刮目相看，博得男人的赞赏。男人最为关心和最为欣赏女人的事情之一便是她们穿得是否漂亮。当你戴着款式漂亮、色彩靓丽的耳环，做了美美的指甲，或者妆容精致有加时，男人会把这样的女人上上下下打量一番，因为他喜欢并且欣赏这样打扮的女人。

当他好不容易开始为你做这做那时，要确保自己停下来，去切身体会这为你带来的愉悦感受，然后把这种感受表达出来。时不时地说几句吴侬软语或者只是露出一个微笑，像是在说"谢谢"，对他来说这样已足够。你感激男人为你所做的一切，这将使他更加欣赏你的女性特质。

熟男手记

安德鲁·哈维，灵修运动家

普世的女性能量是我生活的核心，因为它向我透露的是对生活、世界、万物以及被创造出来的事物的激情。女性能量向我展示了存在于一切事物中的荣耀和创造。它向我揭示了温柔、屈服、激情、慈悲的爱是女性转变和男性转变的关键。

我 21 岁时被牛津万灵学院录取。这正是一个我们向摧毁我们的事物祈祷的例证。我渴望这个，我进入到这个神奇的世界，发现这里充斥着自私自利和绝望的人，做着很疯狂的事。

这是总理、坎特伯雷大主教、首席执行官、大使们访问过的地方。吃晚饭时有可能坐在任何人身边。这一点从一方面来看非常解放，另一方面来看很恐怖。你可以近距离看到统治这个世界的人。看到他们或自大无比，或醉醺醺，或恶语相向，疯狂的想取悦自己。这让我开始明白我们的文化状况以及男性力量的状况。

我在那里也见到过女人，比如有一次来吃饭的玛格丽特 撒切尔。一名男子晕倒在她面前。她只是跨过他，她根本没有理会这个男人。我也看到了被男性精神腐蚀的野心勃勃的女性会发生什么。这是一个可怕的教育。

我很早就知道统治我们的男性是疯狂的，这让我沮丧不已。

感谢上帝。那次令人沮丧的事件让我重回我出生的土地——印度。

也是那时候我开始拥抱上帝之母：化身的过程，这种伟大、神圣的新人类诞生过程，不是与造物分离，不是与造物同醉，而是与造物在一起。

有一天，我从住的旅馆走下来，来到海边。我的大脑似乎裂开了，我看到了神圣意识的亮眼白光在万物中闪耀着，从地平线到地平线，万物齐声歌唱。我看到沙滩上的脚印都泛着亮光。这向我揭示了整个宇宙的神圣性，万物的绝对存在，万物的创造，万物的祝福，万物的生存，万物的发散。这令人惊叹的白色钻石般的幸福与爱之光。

那个瞬间改变了一切，因为我发现自己原来一无所知。我曾受过知识分子、学者的训练，但是现在我毫无准备，优雅地接受这巨大的变化。当时我就明白我需要投身于几个神秘的学科，试着理解这种体验，并从多个角度去体会：深化，但又不被摧毁。对我来说，关键是如何把母亲燃烧的激情和父亲的伟大和平结合在自己的核心，从而在自己身上诞生一个融合了智慧、激情、温柔的新一代神圣男性，与女性融为一体。对我来说，这是我人生的目标。

治愈来自女性的拥抱。那是男性变得神圣的时刻。它不是陶醉于自己的力量、权力和透明，而是意识到比自己更美的东西，比任何东西都更美的东西。

它承诺服务、尊重、礼赞和保护这一点以及妇女、儿童、动物和造物。这是当一个男性成为神圣的男性，真正的爱人，新创造的战士的表现。我们都被称为神圣的爱人、战士、这一创造物的助产士，无论是同性恋还是异性恋。

连接桥梁是爱情。正是爱把法律的启示与为正义而行动的激情凝聚在一起——爱是上帝的母亲，爱是神圣的女性。

Chapter 12 第十二章

他尊重传统，拥抱未来

2014年夏天，在密苏里州的弗格森，一位未携带武器的黑人男子迈克尔·布朗（Michael Brown）被白人警察达伦·威尔逊（Darren Wilson）枪杀身亡。这一事件引发了近代史上最残酷的一些暴乱。美国司法部长埃里克·霍尔德（Eric Holder）下令对弗格森枪击案和弗格森整个执法体系进行调查。随着调查的进行，媒体记者蜂拥而至，从而形成了一种模式。弗格森的人们气愤至极，被彻底激怒，他们的愤怒马上就要爆发出来。他们的确对手无寸铁的黑人被枪杀感到愤怒，但看来仅仅是事情刚刚露头。令他们更加愤怒的是历史上的较长时期，我们只需回溯至距今不到200年的奴隶制时期，黑人都被专制的白人虐待。达伦·威尔逊被判无罪。但是弗格森警局被美国司法部调查，包括“弗格森警局屡屡触犯宪法规定的弗格森市公民享有的权利，歧视非裔，执法人员在办案时不公正、不客观，出现‘种族定性’行为。”如果将其说成是一个单独的偶然事件就大错特错了。如果没有奴隶制，如果密苏里州没有种族歧视，如果在过去的几年里，弗格森警方没有出现“种族定性”行为，那么，社区民众对此次事件将做出截然不同的反应。

阿尔让那说：数月前，我搭乘欧洲的航班返回美国。坐在我后排的是来自中东某个地方的一家三口：爸爸、妈妈和女儿。妈妈和女儿都戴着头巾，这种头饰在穆斯林中很常见。在飞机快要到达旧金山时，空中乘务员出现在机舱里，请乘客们关闭电子设备，之后放回舱顶行李箱。当乘务员请一位男子把电脑收好时，他变得极为烦躁，开始对乘务员嚷嚷。他明显地不是对接下来的几分钟不能使用电脑而不满。他觉得他被人种族定性了。我能听到他在内心所做的假想，他肯定有过很多年这样的经历，跟自己的穆斯林家人一起乘飞机，仅基于种族，就被人看作安全威胁。乘务员提出让他收好电脑的请求并非凭空而为，他对被人侮辱忍无可忍。

几乎我们的每一次经历都要放在一个大环境中看待。当一位来自贝尔法斯特的新教徒见到一位来自都柏林的天主教徒时，他们并非从头来过。每个人都保留着世世代代流传下来的原有经验：伤害、悲伤、报复、不安全感。当巴勒斯坦人见到以色列人，当南非的黑人见到一位白人，或者一位坚定的共和党成员见到一位自由民主党成员，他们之间的见面从来就不纯粹。我们身上不仅有过往的经历留下的印迹，而且我们还镌刻着世世代代每一次会面的共同历史。

作为男人，我们明白任何事物的存在都离不开特定的历史条件。每一次遇到一位女性，不论她是你的亲密伴侣，还是同事，又或是在大街上偶然遇到的人，都不是纯粹的你——一个存在于历史之外的人——遇到一位女性，仿佛你们两人于五分钟前刚刚来到地球上。你代表着已存在数千年之久的男人气概，而你遇到的女性也是同样如此。你不能脱离这一历史条件，但是意识、诚实、脆弱和敏感却可以超越一切。

那么，我们的男人史和女人史又是什么情况呢？关于这方面，本书已经进行了较多的介绍，所以我们接下来只需做一个高度的概括。男人和女人都扮演着一定的传统角色，而且千秋万代以来这种角色几乎都一成不变。男人主外，经常为完成使命而置身于险境，接着回到家里养精蓄锐。而女人一般主内，照顾孩子，做饭，操持家务。只看我们的父辈人和祖父辈人，男耕女织的传统角色已经再明显不过了。女人开始觉得不自由，想要挣脱家的囚笼。她们觉得这扼杀了她们的创造力。她们可能有生以来第一次意识到，她们能跟男人一样在外打拼。男人也开始觉得受到刻板而充满责任的生活的禁锢。他们蓄发，向时间不自由和社会结构的限制发起反抗，学会变通，活在当下。但是，对现有成见的反应可能同样会演变成另一种成见、另一种禁锢。如今，男人和女人开始重新思考传统角色及对其的反应，并且重新思考怎样才能做出真正自由，摆脱束缚的选择。我们希望本书能帮你渡过这最后一关。

作为男人，当我们介绍从历史的角度看待问题时，我们就要考虑到传统角色已贯穿人类历史数千年这一事实。这还涉及到囿于对这些角色的反应中，甚至还会牵扯到连环反应，复杂得令人难以置信。举个例子。

阿尔让那说：我有一个认识了快二十年的朋友。他现在刚六十出头。他的父亲一辈子辛苦打拼，与孩子的交流非常少，退休一年不到，就得心脏病去世了。我的朋友发誓决不做像自己父亲那样的男人，所以他梳起了马尾辫。他做兼职工作，因为他无法忍受程式化的工作。他喜欢穿松松垮垮、颜色鲜艳的衣服。如果他跟人约好了见面，他会在晚于约定时间的 3 个小时左右出现，有时根本见不着他的影子。

几年以前，我和他谈过一次。只是稍作试探，我礼貌地问他，如果他这么强烈地想要确保自己不会变成他父亲那样的男人，很可能会使他掉入另一种成见的陷阱里：不断衰老的“婴儿潮”一代的嬉皮士，穿着、言语和生活方式都具有嬉皮范。他有志于成为成熟的男人，所以他愿意倾听我说的话。他报了一个周末讲习班，学习成长为一个成熟男人的新方式。

很显然，开办这个讲习班的那个人会用自己的方式告诉学员男人应当如何行为处事。当我再次见到这位朋友时，他非常僵硬地保持着身体姿态：有点像喜剧电影《狂野西部》中相扑力士和作势拔枪的警长的合体。当人们问他问题时，他开始盯着人们的眼睛看，像是在说："我是个有深度的男人，现在，我正在用我卓尔不凡的男人风度打动你。"他现在变得极其严肃，几乎到了严厉的地步，一个真正的君子。他开始练武术，对"责任"夸夸其谈，但是不管怎样一切都迟了。在我看来，这种男人气概就是表面而已，是在模仿别人罢了。这是为了反应而反应。幸运的是，那种伪装已慢慢消失，他学会了幽默和自嘲，所以跟他在一起乐趣无穷。他不得不做出调整，不再试图自我矫正，不再基于刻板的想法指导自己的行动，而是要努力意识到哪些千变万化的力量在主导着自己的生活。学来的行为会造成机械化，意识创造自由。

随着共同历史的意识增强，使对并非个人的事情负起责任，甚至于愿意为之道歉成为可能。这是一个"热点问题"，颇具争议性，而且不见得合所有人的口味。但是当这类事情发生时，它的威力如此之大，所以值得一提。

阿尔让那说：约 20 年前，我在瑞典为男男女女一群人主持一次为期五天的退避。我们一起研讨人性中共同的痛苦。男人们独立成组，在足足一天内专注于如下四个问题：

女人怎么伤害我的？

我怎么伤害她们的？

我爱女人什么？

我想和她创造什么？

在数个小时之内，我们发现大多数答案都如出一辙。有人会说：“当她认为我取得的成绩微不足道时，我会受伤。”接着我们发现，80% 的男人中都有过同样的经历。另一个人会说：“她勾引我，但是当我兴趣盎然时，她却把我推开，这种时候，我会感觉受伤。”同样，这不是只有他才会有的经历，几乎每个男人都有过这样的经历。然后，另外一个男人会说：“我讨好女人的目的只是想跟她上床，一旦将她征服，我就觉得索然无味。她因被我抛弃而痛苦不已。”还是那句老话，这是所有男人的共同记忆。

到了晚上，男人们顶风冒雪地走回那所大楼，女人们正在那里做着同样的练习。不管是男人还是女人，他们都将最重要的使自己受伤、伤害别人、感激和意图的记忆表面化。一个接一个，一个男人站起来，用一句话说自己如何受到伤害，接着哪个女人若与他产生了共鸣，她就会站起来，说：“是的，我这样做了，对不起。”她本身可能都不认识这个男人，但是在这个房间里所说的话，都是基于对男人气概与女人特质的共性表达。过了一段时间，我们进行了交换，女人采用跟男人一样的做法。女人们挨个儿谈论自己如何被男人伤害，每次都有至少一个男人站起来担负责任并道歉。

当然，像这种代人道歉有点不合逻辑。这需要你把眼光放远，不计较个人行为，甚至于个人信仰和想法，以便挖掘共同的原形力量。这样的道歉不一定适合所有人。

如果你足够敏感，认真倾听，你会不断地听男人和女人对昔日的痛苦做出回应。有时候是他们自己的过往，有时候甚至是上面几代人中发生在男人和女人身上的共同过往。当有人放不下过去，如果你能与其感同身受，感到遗憾和同情，甚至有可能对其说一声“对不起”，那么此时你或许变成了一种载体，你表达的歉意是这个人无法从别处得到的。

? 哪些因素阻碍着我们

传统的特雷弗

阻碍我们意识到顽固的习惯的机械式条件化的第一层，毫无疑问来自我们的父母和祖父母，就是我们对传统性别角色的想法。不管我们认为自己多么地不受束缚，我们大家仍然不由自主地想把男人和女人进行分类。作为男人，当我们假设一个女人因为她“太糊里糊涂”而不能做或者理解一些事情时，我们就陷入了传统成见的藩篱。当我们基于性别决定雇佣新员工，或挑选保姆，或建筑工人，或汽车维修工，或家政人员时，这表明我们靠着机械式和固定思维做出决定。

流动的菲利普

我们也会因囿于对传统成见的反应而感到受阻，失去自由。关于这一方面，本书已讨论了很多。如果你发现自己不情愿做某事——任何事——因为你在担心这件事情仍属于传统大男人角色的范畴，那么，你面临着产生叛逆感的风险。阿尔让那说：我已吃素多年，某种程度上是为挑战一个看法，即真正的男人会吃大块牛排。我也从来对大众性的活动不感兴趣，因为在电视上看球赛似乎是件老掉牙的事情。我的一位朋友是个自我意识强而成熟的男人，令我极其钦佩。有一次他邀请我跟他还有他的朋友们一起去看超级碗橄榄球赛。我前去赴约，不是为了看球赛，而是因为我想花更多的时间跟他在一起。我们一起吃汉堡看球赛。突然之间，我就有点神思游离，我意识到，我一直以来刻意不观看团队运动，只是因为我认为团队运动属于传统男性气概的范畴，而我显然下意识地把自己排除在外了。有时看似墨守成规、陈腐守旧的事物，正如你父亲做过的那样，而你习惯性地想要逃避时，要让自己意识到。然后问问自己，这真的是你不想做的事情吗，或者这只是自己的一种反应？很难说。你可能比你想象中还要喜欢职业摔跤比赛、德贝冲撞赛车和纳斯卡车赛。

无差异的德斯蒙德

当我们对传统性别角色做出反应时，我们也会拘泥地认为男人和女人之间没有什么实质的差别：换言之，男人气概和女性特质完全是编造出来的概念。今天，许多大学仍向学生灌输这种想法：所有性别差异都是一种社会建构。性别准则无疑是建构，但是我们自己的生活规律和现象也需得到遵守和尊重。我们可以从古代文化传统对性别差异的理解中学习到好多，但与此同时，维护自主选择的自由。否则就是得不偿失——因为我们害怕被禁锢而不去借鉴前人的智慧。

过去的就是过去了，我们已经倾其所有。我们都在为生存而挣扎着。那些传统角色是我们在那时所能扮演的最好的角色。而且到了今天，许多女人从未觉得被传统女性角色禁锢，在人生中的每一个阶段都在做着自己认为正确的事情。约翰说：在这方面我有过亲身体会。有位妈妈是一名全职主妇，她的工作就是在家照顾孩子，而且她感到非常幸福。她并未因为没能出去闯世界，建立一份属于自己的事业而饱经折磨。当孩子们长大后，她开始开创事业。我的太太邦妮待在家里照顾我们的三个女儿，并且她心灵手巧，为我们布置了一个漂亮的家，还把花园打理得井井有条。现在孩子们都长大了，邦妮在办公室里发挥着积极的作用，但是我们总是会承担起自己在家庭中的角色，因为在那个时候似乎这样做对所有人都好。

只要现在我们觉得有选择的自由而不受到成见及其反应的妨碍，我们也就能够汲取历史的滋养，享受它为我们带来的一切。即使你的男性祖先享受不到你今天享有的这么大的选择空间，但是你仍可以以他们为傲。我们所生活的大多数城市都是男人一手建造起来的。我们踩踏的楼梯是男人建造的。我们所享受的政治自由是男性祖先倾力保护的。我们所享受的医疗进步多半是男性前辈们倡导的。如今我们得以用来自我陶冶的优美的艺术、音乐、文学，它们多半是——在过去——男人们所贡献的。在这些伟大的创造中，甚至都没有女性的参与。我们每个人都在扮演着自己的角色。我们的每一位祖先，无一例外地，都要感谢一个女人，她给了他生命及一切。她要经历怀胎十月，还要经历分娩的剧痛，而且往往要冒险甚至要冒着生命危险，才能把他带到这个世界上来。我们的祖先被女性抚养长大成人，如果那时候她们放弃自己的传统角色，那我们的祖宗很可能早就没命了，也就不会有今天的你和我。前辈们承担起的传统角色为我们享受今天的一切奠定了基础。

形象表现的珀西

若将我们现今的欲求归咎到前辈们的头上，那么，我们将失去有意识地体会历史的能力。例如，假若你读简·奥斯汀或者马克·吐温的著作，你会被带入一个充满欢声笑语的世界——在这个世界里，男男女女都扮演着传统角色，而且他们过得很幸福，感受着爱与默契，还有足够的自我表达的机会。如果当今的男人和女人穿越回18世纪，他们或许会产生极大的束缚感。但是，如果我们认定自己明白前人过着怎样的生活，那就大错特错了。

当你起先有了自己的宝宝时，你或许会把宝宝放进游戏围栏里玩耍。宝宝自己会在那里玩几个小时的玩具。宝宝不会大喊大叫："让我出去！我要去告你！"后来，你的孩子去上幼儿园，不得不服从另一个成人的看护直到被爸爸或者妈妈接走。对于一个五岁大的孩子来说，这不像是囚禁。但是，把这种限制强加在一个十几岁的孩子身上，你无疑会激起孩子的叛逆心理。你可能会对十几岁的孩子说："你晚上10点前必须回家。"对方只是翻翻眼珠，但是对方也可能听你的话。试着把同样的限制条件强加在年龄在25到30岁的孩子身上，他们会认为你绝对神经错乱了。适合这个发展阶段的限制条件，放在另一个发展阶段，似乎就会显得难以忍受。

我们常常会犯这种错误，把当前发展阶段的看法回顾性地强加到往前数代人的发展阶段之中去，然后说："在过去，女人们要被男人折磨。她们被迫看家，不能有自己的事业。"但是真的是那样吗？18世纪的文献中未提供任何相关证据证明这一点。我们或许还会说："过去，男人们过着囚笼般的生活，他们被迫去打仗，高强度地做着自己并不喜欢的工作，他们没有机会去做个称职的父亲，好好地照顾孩子或者充分地参与到家庭生活中来。”我们没有证据证明拿破仑、莫扎特和本杰明·富兰克林有过这方面的困扰。

如何实践

问：“这是真的吗？”

通过留意一整天下来，哪些时候自己会基于性别做出假设，你可以学习观察我们强加在自己身上的限制。与伴侣或者与男人小组成员一起做这个练习非常不错。只需几分钟，让自己大声地说出自己对角色所做的假定。你很可能会发现，有一些假定被传统价值观所影响，另一些则被你对这些价值观的反应所影响。如下是一些例子：

男人应该……比女人挣得多。

男人不如……女人做饭好吃。

女人理解……不了机械方面的事情。

有些事情不管是男人还是女人都可以参与其中，比如换尿布、送孩子去托儿所、去参加家长会。

所有这些想法其实没有本质上的是非对错。重要的是，有时要质疑每个假定，问出这个问题：“这是真的吗？”这意味着所有人都会同意这种看法吗？如果有些人同意，其他人不同意，那么这种看法就其本身而言不是真的，它只是一种观点。一旦你意识到这一点，你和你的伴侣以及生活中的每个人可以选择为共同的目标而努力，使每个人都感到幸福快乐，每个人都有机会充分地表达自我。

有一颗好奇心

有些网站非常不错，里面有关于我们祖先的各种各样好玩又有趣的事情。比如这个网站——www.ancestry.com，就能满足你的好奇心，提供了有关你的曾祖父母和曾曾祖父母的详细信息，使你能够查阅相关文献，对他们当时是如何生活的获得宝贵的洞见。

阿尔让那说：数年前，当我第一次发现这个网站时，我如获至宝，并花了数周时间对其加以充分利用。许多其他与我可能存在远亲关系的人早已经将大量信息发布到网站上去了。后来，我带小儿子去盐湖城滑雪。早晨我开车把他放在景区，之后去摩门图书馆转了一天，查阅到了先祖们的出生证、死亡证、结婚证、军事报告，甚至还有私人信件。他们的形象呼之欲出。例如，这样一来，我了解了曾曾祖母乔治娅。1860 年，她从南安普顿坐船前往印度与我的曾曾祖父结婚，那时她跟我的曾曾祖父只在伦敦的一次晚会上见过一次面，而且很仓促。文献记载得非常清楚。他常常在印度四处奔波做生意，剩下她独自照管茶园、佣人，还有年纪尚小的孩子们。记录资料很翔实，使我得以清楚地知道她当时所面临的挑战及那些能让她感到幸福的事情，直到她 25 岁时因患疟疾离世。

代人道歉

如果你的伴侣，或只是一个你认识的女性，对有史以来女性所受到的不公正对待，或者男女工资不平等，或者对妇女的暴力行为等表示怨愤，你要看看自己能否与其产生共鸣。头脑里或许会有一个声音想要与她争辩，告诉她男人同样遭受过的粗暴的对待，或者让你高举双手，说："此事与我无关。"

反之，你或许可以偶尔尝试性地说："是的，我同意你的看法。我不希望你或者任何女性被恶劣地对待。"如果你觉得这种举动过于大胆，那么你可以做尝试，看看这样的话说出来给你何种感觉："是的，你是对的。女性常常受到男性粗暴的对待。我想让你知道，我并不认同那些价值观。我是一个尊重和重视女性充分表达自我权利的男人。"

敷衍传统角色

不被任何成见所羁绊的最好方式之一，无论是传统的成见还是对成见做出的反应，就是玩转它们，获得无穷乐趣。所以，每月一次，甚至每周一次，或者根据自己的喜好，仿照 20 世纪 50 年代的风格，与伴侣约会。用一晚的时间，与伴侣一起回到 50 年代，重温旧时光。告诉她穿一件精致的连衣裙，在下午 6 点时准备出发。然后你把车停在外面并手捧鲜花。记得为她开车门。带她去一家她喜欢的餐厅，并率先为她把一切打点好。记住为她拿着外套，然后等到用完餐，再帮她穿上外套。拉开椅子让她坐下。然后，当然，埋单。由于这次你是在尝试，试着把前前后后都安排好，这一晚，让她坐享约会的乐趣，什么都不必操心。所以，你可能还会想为她准备其他小小的惊喜。当然，为了使这次约会非常成功，你要搜集足够多的情报资料，了解她喜欢什么，怎么做能让她快乐。你不必一本正经，只把约会当作一场游戏。

角色互换

与之类似地，你们可以通过互换男人和女人的传统角色而对历史获得更深入的洞见。如果你扮演的是完全虚构的人物，那通常而言比较简单。举个例子，你或扮演来自巴黎的菲利普，或扮演来自伦敦的塞西尔，其性格特点是敏感、会审美、爱害羞。你的伴侣可以扮演来自汉堡的海尔格，他坚强，体格强壮，为人严肃。在一段有限的时间里，所有的事情都让她拿主意，或者“让他当家”，而让你自己当甩手掌柜。或许这样的机会不多，就这一次，所以你们能对刻板的成见一起做出有意而为之的反应，以玩乐的态度体验一次彻底的叛逆。不必太当真，让所有人都觉得好玩才有裨益。

男女性别互换

同样地，或许只需五到十分钟，你和你的伴侣进行性别互换。在五分钟的时间里，你可以变成自己想象中的女人的样子。邀请她花几分钟的时间，演绎在她眼中，男人应该是什么样子的。接着，你还可以请她做个示范，告诉你她不喜欢你变成什么样子，然后你可以为她做同样的示范。做五分钟的梦中情人，你们也可在卧室里进行性别互换。

这些都是非常有趣的游戏。这样玩可以让你居高临下地俯瞰历史，减轻你的束缚感。无论何时你细细品味互换的身份，与它一起玩耍，将之变成一种艺术，你就不再被其羁绊。留下来的只剩自由、未经雕琢、自然流畅的自我表达。

给成熟男性身旁的女性

祝贺你获得自由。你的自由并非得自男人，因为他们给不起。所以，过去数百年间，越来越多的女性争取充分自我表达的权利。借由女性，在过去的几十年里，女性能量经历了一次又一次的复兴运动。每个运动阶段对女性、对全人类、对整个地球、对男性，都好处多多。男人们也在进步。我们卸下了无谓的枷锁，放开手脚地探索未知的自己，这或多或少是我们的祖先不曾涉足之地。

过去的怨和伤在我们每个人的心里留下了或深或浅的痕迹。每一个男人和每一个女人都曾经历过痛苦，并且这种痛苦是异性造成的。我们也都能体会到前辈们所遭受过的痛苦和束缚。成熟男人贵在有自知之明，尽其所能、尽己之责，去其糟粕，取其精华。其间，成熟的男人会意识到，过去的男男女女无不生活在条条框框之中，而且过去数十载，他们都在尝试着冲出牢笼。最后，成熟的女人懂得如何以最优秀的自己示人，也懂得如何激发男人的潜质。

熟男手记

杰德·戴蒙德，畅销书作家

我妻子是一个非常热情的女权主义者，我们 1966 年结婚。我认为妇女解放运动也解放了我，因为如果我们把妇女从她们不能外出、不能享受性别的狭隘角色中解放出来，对我是有好处的。如果女性更喜欢自己的性别，我们可以过得更好。她们在这个世界上谋生能够减轻我的压力。

我接受了这一切。我相信解放是为了我们大家，这是正确的。

对我来说，男性气概的观点似乎也很有局限性。比如说，一个男人必须在经济上获得成功，并且在一个他可以赚钱的职业中工作。或者如果他做了他喜欢做的事情或者做了创造性的工作，他就不会被生活中的女人视为真正的男人。虽然我母亲支持我父亲的创造力，但我认为她不尊重他。她来自一个真正的男人必须要找到真正的工作并谋生的时代。对我来说，解放意味着我可以做一份我真正热爱的工作，我的女人不会有异议，她不仅会支持我，而且会为我做那种工作感到自豪。

我解放之旅的另一部分发生在妻子怀孕的时候。她想要自然分娩，这也是妇女运动的一部分。许多妇女想要自然分娩，她们想要清醒地感受，许多男子也想要这样。我和她一起参加了拉玛泽分娩术：使劲呼吸，全程都在一起。但到了真正分娩的时候，我们去了东湾的凯泽医院，我被告知不能待在产房里。我们准备分娩时，我可以和妻子在一起，和她一起呼吸，但是当他们把她推进产房时，他们说："戴蒙德先生，你该去候诊室了。"所以我开始走出去，但有什么东西阻止了我。我说："见鬼的医生，这是我想去的地方。"当我走进产房拉着妻子的手时，不管他们说什么，我都没有离开。我儿子出生后不久，我在哭，我妻子在哭。他们把我儿子交给了我。

我当时向他许愿。我甚至大声说："我承诺要做一个与我父亲不同的父亲。我将尽我所能创造一个不同的世界，让男人充分参与自己的生活。"

那时候是对我儿子的承诺，从 1969 年的那一天到今天，创造一个更美好的世界一直是一项持续不断的工作，不仅是对我自己的子孙，也是对每个人的子孙。我的号召似乎是在那种有意识的阳刚之气方面：向我父亲和其他男人的奋斗和欢乐致敬，也向所有人致敬。

结 语
发现全新的自己

自人类会写字和传授知识以来，每一种文化和每一代人都对男人角色有着各自不同的定义。

我们的父母，或者我们的祖父母小时候，对男人的要求很严格，不许他们有过多的情感，他们要为人严厉，要能吃苦耐劳，这样才能证明他们具备男人气概。他们那个年代，社会即将迎来变革。女人也要受到种种束缚，但与男人所受的束缚不同。

过去40年，男人气概和女性特质不仅进行了重大反抗和革新，而且男人和女人被再次套牢，他们受到了全新但不同的束缚。

成熟的男人会意识到，对他而言，过去已鞭长莫及，他的反应也犹如隔靴挠痒。有了这种意识，他可以无拘无束，发现和表达自己的与众不同之处。

心甘情愿地质疑传统和反传统成规，才不枉自己在这个世界上走一遭，过自己梦寐以求的生活，听从使命的召唤，活出自己的精彩。

成熟的男人会自问这辈子该如何度过，他会承受这样的压力，也会意识到自己对压力做出的反应和反抗：所以，无论如何，他们会恍然大悟，去做正确的事情。

成熟的男人有责任意识，想要充分地参与到生活的方方面面中，而且他还会意识到并懂得尊重自己对于内在智慧和平静建立联系的需求：所以他那般大彻大悟已非智力能及。

成熟的男人会意识到，男人自身坚忍冷酷的形象已延续了数千年之久，这种势头不可逆转，但与此同时，他也意识到何时会情感泛滥，变得手足无措：所以他鼓足勇气，向世界敞开心扉，去奉献深情厚爱。

成熟的男人会本能地表明立场：产生强硬而固执的想法，同时他会意识到失去自我、同情心泛滥这种危险的存在，所以他学会如何坚定立场，让他人能安全地畅所欲言。

成熟的男人会意识到先祖逆来顺受的痼弊难消，同时他意识到，过于情绪化时，他会迷失方向，变得不再幽默，所以他学会了去深刻地感受，但却不将情绪转化成行动。

成熟的男人会意识到，生气的时候容易失控，会给人带来痛苦和伤害，而与此同时，他意识到，生闷气会丧失力量：所以他发挥出可靠而坚定的领导力，成为大家的主心骨。

成熟的男人了解自己想要独来独往，或者与兄弟一争高下，而同时他也意识到，人际关系需要章法与挑战的支撑，所以他的友谊才能地久天长，让所有人各尽其能，发挥所长。

成熟的男人心里清楚自己有股傻劲儿，当环境已然变化时，他也仍然“不撞南墙不回头”。而与此同时，他明白，他要对自己说出口的话负责，要对己对人说话算数，所以他学会了相信自己，相信自己能言出必行，行之必果。

成熟的男人会发现，开玩笑是自己的伪装，用以掩饰自己内心的不安全感或者痛苦，甚至是出于羞辱别人的目的，而与此同时，他从来都不会否认生活只是一场游戏，所以倾心之人顾盼生辉，笑意盈盈。

成熟的男人了解，当自己被欲望蒙蔽了双眼之时，他会因而变得贪婪无知，纵欲无度，而与此同时，他感到欲火中烧，想要冲破藩篱：所以他选择让身体做主，让原始的欲望说话。

成熟的男人意识到前人们是如何贬低和轻视女性的，而与此同时，他也会维护自身男性本质的尊严，懂得自重，所以他发自内心地尊重女性极其无私的贡献精神。

成熟的男人能时时刻刻地感到欢喜，经历着一次又一次的重生，而与此同时，他还认识到，自动化反应并非一朝一夕的事情，早已持续数百年之久，所以他学会了对自身及身边所有人保持敏感。

不论你是谁，不管你是男人或是女人，我们都希望你有机会过一种没有任何牵绊的生活，不要活在别人的眼光里，要做就做自己。

如果你能从本书中获得一些新想法，或者找到一些新办法，启发你如何在实践中探索你的男人气概，那么，现在请花点时间去消化这些新想法或新办法，接受它们，将它们为你所用。从而当你合上这本书时，你能够觉得这些不是我们教给你的，而是它们一直都在你心里，只是被你忽略了而已。

如果本书中的某部分内容是你不喜欢的，你觉得不适合自己的，那么，现在请花点时间深吸一口气，再用力地将之呼出，抛开它们，永远不再去想。

我们希望你能从这本书中获得新启发、新认识，发现不一样的自己，不让别人的想法左右你。

我们希望这本书让你对自己的答案产生质疑，而不仅仅是为你解惑。

约翰·格雷

阿尔让那·亚尔达